我的庶民養錢術

稻盛和夫的啟蒙導師親授，
勝過一票投資專家的「四分之一理財法」

本多靜六——著　江裕真——譯
SEIROKU HONDA

私の財産告白

Contents

目 錄

私の財産告白

第二章

如何累積金錢？如何增加金錢？ 045

第三章

財產如何處理最為困難？

第四章

金錢與處世

第二部份 ─ 我的體驗社會學

第十章

平凡人的成功法 231

我的簡歷

慶應二年（一八六六年），我出生在埼玉縣三箇村河原井（現在的菖蒲町[1]）。

十一歲時，我父親去世，我一面以務農與擣米維生，一面苦學。十九歲那年春天，我進入東京山林學校就讀。第一學期考試我不及格，悲觀的我跳古井自殺卻沒死成，改變念頭後拼命用功，後來連續兩學期獲得最優等的成績，拿到銀錶當獎品。於是我獲得了這樣的自信：一個人就算是笨到考試都不及格的程度，只要努力，凡事都能成功。

於是，工作與學習並進成了我的興趣，要忍受高度艱苦的學習生活，反而成了一種愉快。滿二十五歲時，我在日本與德國兩所大學畢業，成為東京帝國大學的副教授。那時，我決定了渡過自己生涯的方式，也就是我的人生計畫：四十歲之前要勤儉儲蓄、建立穩定生活的基礎；六十歲之前要專心究學；七十歲之前要義務報效國家，七十歲之後要在山明水秀的溫泉鄉過著晴耕雨讀的快樂生活。我也展開了每天寫一頁以上的文章，以及把月薪的四分之一預扣下來儲蓄的兩項行動。到了四十歲，我儲蓄的利息已超過本薪，於是我得償「讀萬卷書、行萬里路」的宿願，出國十九次，足跡遍及六大洲，並對外發表三百七十餘本的著作。

教職閒暇之餘，我擔任東京府市，內務、文部、農林、鐵道等單位的特聘顧問，負責設計日比谷公園、明治神宮、鐵路防雪林、國家公園、水源涵

1 菖蒲町已於二〇一〇年三月二十三日與埼玉縣的久喜市，以及北葛飾郡的栗橋町與鷲宮町，合併為新的久喜市。

養林、行道樹等等之設計改良。此外在關東大震災後，我也兼任帝都復興院參事、都市計畫委員、帝國森林會、庭園協會、都市美協會、學生輔導會，以及其他十七個單位的會長、副會長。此外，我也擔任澀澤榮一先生等實業家的顧問，解決秩父水泥、武藏水電、田園都市、日新橡膠等諸多開拓植林事業，以及各地水力發電廠的風景破壞問題等等，亦涉足民間企業。

滿六十歲退休後，我體悟到，「擁有超乎常人的龐大財產以及名位，並非幸福。無論對自己或子孫而言，都是有害無益」。因此，我把絕大部分的財產都私下布施為社會事業之用，並再次回歸工作與學習並進的簡樸生活。到七十歲為止的十年間，我埋首閱讀宗教、哲學、歷史、經濟、法制等類別的新出版書籍，碰巧接觸到愛因斯坦的相對性原理，給我很大的啟發。我也為未來新的十年訂了計畫，重返學生時代，要窮究我畢生的努力，研究「新人生學」。

昭和二十六年十月

#「庸才加努力」
#一定能贏過「天才減努力」

賺錢不是靠紙上談兵，

而是實際行動。

不是計畫，而是努力。

不是預估，而是結果。

要說到有什麼祕訣，畢竟還是在於最根本的**心態問題。**

自序

我今年八十五了，自己也覺得，已經是一把年紀了。然而，活在「人生就要努力．努力就會幸福」的新人生觀下的我，無論肉體上、精神上，都沒有什麼衰老的感覺，還是一樣日新又新地愈來愈有幹勁，每天反覆過著工作與學習並進的生活。我看著這世界實際的一面，不避諱也不恐懼，正視著它，在樂趣中愉快地持續與之搏鬥，而有所得。我真的只能說感謝。

此時此地，我回顧過去，驚訝於世界上充斥著這麼多的虛偽、欺瞞與好聽的表面話。事到如今，我深感慚愧，自己也是在這世界上活到今天、過著偽善生活的其中一人。然而，一個人一旦已經有了八十五年的經驗，總不好還是和虛偽至極的這世界抱持同樣的看法。除了偽善之外，我還必須奮力甩掉偽惡的外表，講述事實，把「真話」講出來不可。我覺得，這既是為了社會、為了人們，也是適合我這個老人扮演的角色。

收錄在本書中的〈我的財產告白〉、〈我的體驗社會學〉這兩篇，正是出於這樣的用意。它們是我透過《實業之日本》雜誌質問這個世界的真心話，也都贏得了異常多的讀者迴響。

古諺有云，人都有毛病。老人也一樣有毛病，而且其中一項「說教癖」，恐怕該算是萬人共通的吧。本書的內容，或許也不例外。不過，我在這裡所主張的，並非只靠嘴巴說說或筆寫寫就拿來推薦給別人；我所宣揚的事情或所講的故事，全都是我自己實行過，而且有實際成效的；裡頭沒有隻字片語是我為說教而說教的。

坦白說，一件事再怎麼好，如果是來自於自己的實踐，而且還獲得了相當的成果，總覺得會變成老王賣瓜一樣，不好介紹。更何況講的是財產與致富的話題，在社會以往的看法中，大家很容易會覺得我的心理很卑劣，因此說真的，由我本人來講它，實在很難啟齒。活在這個金錢的世界、身處於這個很多人一輩子都一直在為錢勞碌的世界裡，之所以很少人把與錢有關的事實講出來，原因其實也在這裡。

不過，要想講述真正的處世之道，勢必就要談到與財產和金錢有關的真實面。如果把最重要的這一點含糊帶過，卻說自己要講述處世的要訣，可就是天大的矛盾了。

因此，在做好可能會遭受部分人士恥笑的心理準備後，我還是僭越地付諸了實行，寫出這本《我的庶民養錢術》（編按：本書日文書名為《私の財產告白》。）原本它其實只是一個極其平凡的平凡人的告白，自無任何要向社會訴說的新東西。而且，一反我的預期，以財經界知名人士為首，各階層的社會人士中，竟然會有許多深有同感的人，我必須說這是老生我最近最為欣慰的快事了。

錢這種東西是很珍貴的，

但世上有些人卻經常受限於錯誤的想法，劈頭就斷然否定人生中最重要的金錢。

投資的第一條件是安全確實。

然而，若只期待百分之百安全，就什麼也不用投資了。

因此，必須從**「絕對安全」**往**「相對安全」**靠近才行。

人生最大的幸福是工作的興趣化。

無論財富、名譽或是美衣美食，都比不上**把工作變成興趣的快樂。**

第一部分

我的財產告白

第一章

克服貧困與本多式儲蓄法

- 「無一物中無盡藏」：我的〈生活白皮書〉
- 下定決心克服貧困
- 本多式「四分之一」儲蓄法
- 布連塔諾博士的金錢理論
- 月薪與利息兩頭賺
- 從三十股往一萬町的山林前進

「無一物中無盡藏」：我的〈生活白皮書〉

就先從「我的財產告白」這個話題開始吧。我要講的是，一貧如洗的我如何賺到錢、累積財富，然後，又回歸一無所有的故事。

現在的我，其實並不適合談有關財產的話題。大家可能會誤以為，本多到現在，暗地裡仍然像個大資產家一樣。因此，一開始，我想先向各位公開自己目前的生活白皮書，也就是禪家所講的「無一物中無盡藏」，那種在貧乏之中也能滿足的生活。

我在後面會詳細談到，在我滿六十歲從大學教授一職退休時，由於有所感悟，就把自己所有的財產都悄悄捐贈給公共事業了。我就這樣進入了工作與學習並進的簡樸生活，與老伴一起再次回歸以前的貧困家庭。不過，雖然說是貧困家庭，但還是留下了價值一百萬圓[1]左右的土地、房子與股票，而且做好了勤儉儲蓄的心理準備，我甚至還訂好了能追加捐贈給各界的計畫。但由於日本戰敗，占我財產六成多的正金銀行及其他海外事業的股票，全部賠光，再加上幾十萬圓的財產稅以及未受戰爭災害者的稅款支付等項目，除了東京的住處，以及箱根、伊東碩果僅存的不動產之外，我就一無所有了。不消說，其後的生活，我被迫靠變賣家產度日。

不過，靠著戰爭期間執行至今的晝耕夜學，以及吃地瓜粥和醃內臟（我私下對醃生菜的暱稱）的簡易生活，我忍著艱苦，還是穩穩地撐過來了。而且從今年初開始，由於通貨膨脹結束以及退休金的增加，我的經濟面總算穩定下來。只要嚴加小心不要驕傲自滿、浪費與怠惰，我似乎能夠平安活到

1 日圓。除非特別標明，本書幣值皆為日圓。

一百二十歲以上。

接著，我要在此清楚地公開自己具體的生活收支。首先，退休金每年七萬多圓，出租房屋與土地的收入每年約三萬圓，再加上農地作物的預估產值，這就是我家全部的年收入了。當然，我完全沒有接受孩子或任何人的照料，我把一切都交給老伴，由老伴掌理家務。地瓜粥與醃內臟的簡單生活，讓我們愈來愈健康，而且老伴的手邊似乎還有幾筆存款。此外，我還有自己賺來的稿費、演講費、個人諮詢謝酬等副收入，其中一半當成零用錢使用，另一半又拿去儲蓄。這筆存款，我打算用來下次（第二十次）出國用，以及用於捐給培養人才的相關財團。在這樣的狀況下，現在的我在經濟上、生活上，全無任何不安；我健康、開朗，也很開心期待著八十五歲的年紀能趕快再添一歲。而且，我忘了自己年事已高，每天都以苟日新、日日新的努力生活為樂。

這就是我目前的「生活白皮書」。

下定決心克服貧困

好了，言歸正傳吧。

我從少年到學生時代，一直都過著極其貧困的生活。就這樣，我被迫體會貧困所導致的深切痛苦，以及難耐的屈辱。因此，我最原始的想法是，一定要先跳脫這貧困的生活，否則根本談不上精神與生活的獨立。

明治二十五年，我留德回國，成為東京大學農學系副教授。那是在我滿二十五歲的時候，當時我是奏任官[2]，年薪八百圓，按月平均領取。這八百

2 明治時期經由奏薦任命的官員，相當於三品至八品的官員。

圓，要先被扣掉一成當國家的造船費，淨額七百二十圓——除起來每月只有六十圓。其中還要先扣掉退休基金等項目，實際拿到手的只有五十八圓左右。

當時我已成家立業，靠著這筆收入，要過著能維持大學教師顏面的生活，已經足夠。只要普通度日，差不多剛好夠用。不過，糟糕的是，或許是因為他們覺得我從國外回來，月薪一定很豐厚，很快就有人來借住，全家成員甚至多達九人。就算那時的物價再低廉，但這樣下去根本很難養家活口。

即便如此，原本是前幕府臣下女兒身份的我岳母等人，以為我到大學就職就像以武士身份領取俸祿一樣，不管花掉多少，都可以從天皇那裡領到那麼多，覺得「有什麼關係」。雖然我拚命試著解釋「領月薪並不同於武士受封領地，領地是家裡以前受封的，但月薪是相對於我的勤務發給的。如果我不上班，就一毛錢也不會付給我」，但家人們似乎不太能夠理解。

家裡有一群這樣的九個人要養，無論多久我都無法跳脫貧困。因此，我那時的想法是，想要克服貧困，就必須自己主動摧毀它才行。我當時認為，自己不能因為受迫於貧困，而無可奈何地在生活中節衣縮食，而應該自發、積極地厲行勤儉與儲蓄，反過來戰勝貧困才行。

於是，我斷然下定決心付諸實行的，就是本多式「預扣四分之一儲蓄法」。如果只期望在痛苦持續的普通生活當中，還能多少留下一點錢的話，根本不可能會有這種多餘的錢出現。要想跳脫貧困，絕對不能妄想靠這種溫和的手段。所以，不管多少都沒關係，一有收入時，就二話不說，先預扣四分之一下來儲蓄吧。這樣的話，就要做好心理準備，以其他的四分之三堅持著度過更艱苦的生活。當然，此舉需要莫大的決心與勇氣，不過，我還是硬著頭皮執行了。

也就是說，從我每個月五十八圓的月薪袋裡，突然就把四分之一的十四圓五十錢抽起來儲蓄。這麼一來，就等於要用那剩下的四十三圓五十錢，撐持一家九口的生活了。

這每個月預扣的十四圓五十錢，成了日後累積為數百圓（實質上是幾千萬圓）資產的第一步，連我自己都大感驚訝。

本多式「四分之一」儲蓄法

「本多式四分之一儲蓄法」，絕非我個人的創舉。早在遠古時，釋迦牟尼就在佛經中也曾提倡過。在江戶時代也是，這與松平樂翁[3]與二宮尊德[4]老先生，以及其他多位前輩一向推薦的儲蓄法（分度法[5]）相一致。不過，我是偶然想到它，才付諸實行的。總而言之，儲蓄的問題並不在於方法如何，而在於執行得如何。

3 本名松平定信，號樂翁，江戶後期在幕府擔任老中一職，力推改革。
4 江戶後期的農政家、思想家。
5 由二宮尊德提倡的做法：了解自己的經濟能力，據以決定生活的限度。

我的做法如果再講詳細些，就是：各種經常性收入進來時，就預扣四分之一儲蓄起來。臨時收入就全部存下來，匯集到經常性收入增加的部分中。若列為方程式，會變成這樣：

存款＝經常性收入×1／4＋臨時收入×10／10

也就是說，把月薪與每個月其他固定收入的四分之一，以及著作收入、獎金、旅費餘額等臨時收入的全額，都投入存款中。如此一來，隔年新入帳的存款利息，就會變成經常性收入，一樣地，再把它的四分之一預存下來。

這是我從二十五歲時展開的儲蓄法。由於是在艱苦之中追求更加的艱苦，一開始的生活實在苦到不像話。不過，由於我也是發起人，家計全部交由妻子處理，因此相對而言我自己比較不在意。現在回想起來，可以想像，當時內人恐怕比我還要辛苦多了。由於便宜的東西無法以賒帳方式購買，因此買東西全都用現金。一到月底，現金就會見底，有時甚至還每天都吃芝麻鹽。大人們還沒什麼，不懂事的孩子們就老實了。他們會哭喪著臉說：「媽媽，今晚又吃芝麻鹽嗎？」雖然內人會安慰他們：「再睡三個晚上，就買魚魚給你們唷。」但嘴上說不在意的我，對此還是會覺得很難過。不過，我的這套計畫，始終是構築在確切的理性之上。因此淒慘或可憐，只不過是一時的而已，而且還是不值一提的情感問題。我咬緊牙關，不讓自己在這時候敗給了這樣的情感。只要能像這樣持續四分之一的儲蓄，第三年就會有這麼多這麼多，第五年會有這麼多這麼多，第十年會有這麼多這麼多。我告訴家裡的人，眼前的艱苦，是以脫離艱苦為目標的艱苦，因此，請大家多忍耐。

我的做法看起來行不通，但事實上一點也不會。如果薪水是四十圓，就當成自己只領到三十圓，十圓預扣起來就好了。得到四草袋的白米時，就當成只得到三袋就好，第四袋另計。今年的米到了明年固然不會變多，但是薪水在正常狀況下，一定會變多。只要忍耐一下，預扣餘額會漸漸變多。而且以當時的狀況而言，還是有很多和我一樣要養這麼多的家人，同樣也只靠著三十圓收入過活的人，所以只要把我的生活想成是從降低一個階層的地方開始的，也就行了。

大家或許會說，在敗戰後的今天，無論是誰都身處於最谷底的狀況，根本無法再把生活水準往下降低一個或半個階層。不過，事實真的是如此嗎？我很確信，即便是現在，我當時的這套想法，還是可以拿來應用，做為突破經濟生活瓶頸的策略。

只要一次就好，請各位在一開始的起點處，斷然降低四分之一的生活水準。只要這樣子就行了。任何事情都一樣，半途才想要重來是很困難的，從一開始就下定決心，是最輕鬆、最有效果的。

布連塔諾博士的金錢理論

正如我的頭銜「森林學博士」所示，我在大學裡主要教的是森林學。不過，我在德國留學時，是在慕尼黑大學知名的布連塔諾博士（Lujo Brentano）門下專攻財政經濟學。我的經濟學博士學位，其實是那時候帶回來的「當地土產」。

在我畢業回國時，布連塔諾博士給了我這樣的勸告：

「你很用功，但今後，你再繼續過這樣的貧困生活也不是辦法。就算學者，也得先攢到足以獨立生活的財產才行。否則，你會經常因為錢的問題而使自由受到限制，或是被迫屈服於有違自己本意的事。學者的權威，也會蕩然無存。回國後，這事兒你可得下定決心好好努力呀。」

順帶一提，布連塔諾博士不但擁有大學經濟學教授的崇高地位，而且早已實踐了他個人的理論，才四十多歲，就已經是身家幾百萬圓的資產家了。因此，我才會深深感謝他這番教誨，奉行至今。

任何事情都一樣，與其只用講的或寫的建議別人，還不如自己率先實踐，這樣日後建議別人時效果才會強烈。不過，一件事再怎麼好，如果是因為自己的實踐，而獲得相當的成果，總會讓人覺得像老王賣瓜一樣，不好介紹。更何況講的是財產與金錢的話題，大家很容易會覺得我的出發點很卑劣，因此說真的，由我本人來談論，實在很難啟齒。

但是在如此久遠的六十年前，恩師卻懇切地把這樣的事告訴我這個外國人，他深厚的情誼，我到如今仍感激不盡，我只有以學界成員的身份，在遭受異樣眼光的情形下，毅然決然在金錢生活上持續照著他的建議去做。而且說真的，我會從以前開始就一直熱心講述自己的體驗，其實是為了回報布連塔諾博士的洞察力、勇氣，以及懇切。

布連塔諾博士還對我講了這樣的話：

「創造財產的基礎，還是在於勤儉儲蓄。少了這樣的行動，你不可能攢到能稱之為財產的東西。還有，等儲蓄到了一定水準的金額後，就可以投資到其他有利可圖的事業上。儲蓄如果一直只是儲蓄，總是有限。因此，以現在（明治二十年代，西元一八八七年）的日本來說，首先可以投資到幹線鐵路與便宜的土地或山林上。幹線鐵路未來只要一有支線延伸出去，利潤就會增加；而山林雖然目前位於交通不便的深山中，但隨著社會的進步，只要開通了鐵路或國道、縣道，毫無疑問會漲到和鄰近都會區的山林同等價位。當今德國的富豪貴族，大多不是只靠勤儉與儲蓄，就獲得那些財富的。他們是透過這樣的投資方法，來利用國家社會發展的大趨勢。」

因此，我先是毅然決然實行預扣四分之一的儲蓄方式，接著再漸漸著手實行布連塔諾博士的理財觀點。

月薪與利息兩頭賺

就這樣，我展開了預扣四分之一的儲蓄生活。過了兩、三年後，每年就有存款利息會進帳。由於這成了經常性收入，因此其中的四分之三可以移做生活費之用。也就是說，由於月薪與利息兩頭賺，預扣儲蓄存款的生活，總算開始可以輕鬆持續下去了。這總算讓我和全家都暫時安心下來。

人的一生，每個人或早或晚都應該體驗一次貧困的經驗，也就是苦於物質的缺乏。這是我自己從長年經驗中得到的結論。小時候在奢侈生活中長大的人，一定會貧困。反之，早早就體驗貧困的人，日後必定會苦盡甘來。也就是說，人的一生中，或早或晚，都必須度過一次貧困生活。因此，既然同樣都要度過貧困，可以的話，愈早度過愈好。就像麻疹愈早出愈好一樣，盡早在小時候度過貧困，對於本人的幫助不知道有多大。「就算用買的，也要買到年輕時吃的苦。」這句話說得很對，為貧困所苦、脫離貧困，可以讓我們更深切體會到人生的意義、認知到事物的價值。一個人如果沒有貧困過，他不會知道人生真正的價值，也無法得到腳踏實地提昇生活的努力與幸福。

要想堅持儲蓄生活，最大的**阻礙**在於虛榮心。只要不去誇耀自己的家世、不受常規或習慣所限，去除所有虛榮的話，區區「預扣四分之一」的生活，誰都可以過得下去。自己明明只值銀或銅，卻想過金的生活；就算鍍金的也好，就是希望別人看起來是金。這樣的虛榮心，讓許多人無法節儉。銀的人就過銀該有的生活就好了，但若要讓人生更加安全、生活更加健全的話，不如再退一步，其實是再進一步。銀的人就從自己實力以下的銅生活、鐵生活出發，不是很好嗎？我覺得，在戰後凡事都要重新來過的生活中，更需要這樣的決心與勇氣。

從三十股往一萬町的山林前進

好了，話題似乎偏了，現在言歸正傳，繼續我的「財產告白」。藉由預扣儲蓄存到相當程度的資金後，我照著布連塔諾博士的吩咐，一開始先買進「日本鐵道」[6]的股票（私鐵時代：上野—青森間）。我記得自己以十二圓五十錢的價格買了三十股，沒多久加買到三百股時，政府以兩倍半的股價收購了股票。每年持續收取一成配息的我，存款的一部分很快就在這時候變成三萬七千五百圓了。明治時代的三萬幾千圓是很可觀的。光是這樣，我暫時有了一筆財產。而且，它原本還只是預扣下來的區區四分之一的月薪而已。

在此我想對部分瞧不起儲蓄的人強調這件事——只要沒有國家戰敗以及隨之

而來的通貨膨脹之類的嚴重事件，儲蓄的力量絕對是很偉大的。

接著，我把這筆錢拿來收購秩父深山裡的山林。這也是布連塔諾博士的指導，但也是因為它與我專攻的學科有很深的關係。

當時秩父的深山（中津川）是日本國內少有、天然的美麗森林。那兒距離鐵路很遠，也幾乎沒有道路，因此無從開發，只是一直花稅金而已，甚至於免費贈送也沒有人要。我心想，這種全國性的大寶藏，沒道理就這樣糟蹋下去，也不能讓它糟蹋下去，因此我決定只要有人賣，就去開價買下來。雖然說是開價，但形同完全免費一樣，一町步[7]只要區區四圓左右，而且由於無法逐一正式實際測量，因此是登上一個山頭、指著對面的山說，從那個山

6 日本鐵道是日本最早的民營鐵路公司，不過實質上是半官半民，由政府無償提供出借國有地，也是以政府的政策為優先，只是由民間出資與建設。上野—青森間就是現在的東北本線全線，於一八九一年九月一日開始營運。一九〇六年根據新公布的「鐵道國有法」國有化。

7 面積的單位，用於計算田地或山林之用。一町步約為0.9917公頃。

谷到這個山谷為止一共是幾十町步、幾百町步，以這樣的方式談定買下土地登記簿中多少面積的所有樹木。其中，甚至還有人耳聞有人來收購，就整村一起來向我兜售整座山的。總之，我準備了好幾萬圓的資金，一町步卻只賣四圓，因此我得以依次把它們幾乎都買下來了。最後，三井、三菱等強力競爭者也出現了，但在那時候，我已經取得了八千町步的山林了。後來我也持續收購下去，買到大約一萬町步。

這時候，日俄戰爭後（西元一九〇五年）的好景氣時代到來了。木材價格意外大漲，也已經有了把它們從山林裡分批運出來的方式了。因此，我決定把樹木的部分以一町步兩百八十圓的價格賣掉。這是收購價的七十倍！至此，到昨天為止還一貧如洗的我，一躍成為暴發戶。就好像一年的年收入有二十八萬一樣，我甚至成為淀橋稅務署轄區內的繳稅第一大戶，真的是出人頭地了。

當時，我也已經擁有其他一些堪稱為財產的東西了，但這片山林的樹木，光看市價就有兩百八十萬圓，再加上種種的事情，狀況已經驚人到連我自己都嚇一跳了：就算我繼續過著預扣四分之一的生活，還是會有錢不知該怎麼花的困擾。無論從十幾年前的「芝麻鹽時代」，或是從如今的「醃內臟時代」來看，我已完全過著如夢想般的豪華生活了。雖然豪華享受主要是來自於我學術研究兼視察的海外旅行，但我之所以能夠自費到海外旅行至今達十九次之多，也是因為我開始於預扣四分之一的財產投資使然。

然而，事情一旦過度，必定會產生弊病。一開始我的財產是「本多的財產」，但到了這步田地，我反而成了財產的俘虜，快要變成「財產的本多」這種主客易位的狀況了。此時，我猛然察覺到一些事，也開始思考，開創財產後的下一個問題，在於如何處理財產。

第二章

如何累積金錢？如何增加金錢？

- 雪人的核心很重要
- 賺錢究竟是不是豈有此理？
- 同事勸我辭職
- 打工的產物
- 從儲蓄轉往投資——等待時機
- 本多式股票投資法的要領
- 憑藉自然力量的山林投資
- 從兩萬圓變成五千萬圓

雪人的核心很重要

人有錢，到底是好還是不好呢？

只要擁有必要的錢就好了。只要賺想要的錢就好了。答案，極其簡單。不過，問題在於方法要對。畢竟還是得要靠自己的力量、只接受合乎情理的正當錢財，再予以累積。只是，自己累積錢財，會有個限度存在。一旦超過那個限度，原本應該是幸福泉源的錢財，反而會變成不幸的泉源。財產這種東西的存在會伴隨著難解的問題，原因就在這裡。

我要重新強調一下，總之，金錢這種東西就像雪人一樣，一開始就算只是一個小雪球，只要做出了雪人的核心，再來就會很神奇地愈變愈大了。至少，我從預扣四分之一儲蓄著手的結果，就是這樣。我想，這一點不管誰來做都是一樣吧。

所以，我一直都信心滿滿地推薦別人這麼做。不管再怎麼辛苦，先存個一千圓再說。以現在的幣值來算的話，大概是十萬圓吧。先存個一千圓，沒多久就存了五千圓，存到五千圓再一下子，很容易就能存到一萬圓。到這個程度，錢就會生錢，有了錢以後也會冒出很多智慧，也開始可以考慮各種有趣的投資標的。這麼一來，錢會自然而然動起來，一直不斷增加、不斷增加，連我都覺得嚇一跳。

實情已如前所述，我只堅持著開始於二十五歲時的本多式儲蓄法，到了第十五年的四十歲時，存款的利息或股票配息的錢，一下子就變得比大學的本薪要多了。到了超過三十年的六十歲左右時，我已擁有遠比自己私下預期的數目還要龐大得多的財產：除數百萬圓的存款、股票、房宅外，還有田地、山林一萬多町步，以及位於別墅區的六棟住宅。

而且，我一點也沒有勉強之處。回首過去，自己並沒有什麼對不起良心的地方。我反倒是隨著自己在經濟方面愈來愈能夠自立，而在工作方面更加認真，把學問與教育的工作興趣化，在更大的樂趣下，比別人多工作一倍。也就是說，這些與我身份不相契合的財產，全都是我勤奮工作後留下的渣滓，自然而然一點一滴所累積起來的。

這個社會上，也不乏那種因為要養的孩子或家人過多，每天被生活追著跑的人，導致他不管再怎麼把工作興趣化、再怎麼過著勤儉儲蓄的刻苦生活，也不太能存下什麼「興趣的渣滓」。而且，在日本戰敗後的巨大經濟變動中，或許有人會認為這是不可能做到的建議，因而直接放棄的。針對這樣的人，我會教你們「如何累積渣滓、增加渣滓」。

賺錢究竟是不是豈有此理？

錢這種東西是很珍貴的，每個人都一樣，有錢總比沒錢好。但世上有些人卻經常受限於錯誤的想法，劈頭就斷然否定人生中最重要的金錢。就連誠實賺取、誠實累積起來的錢，都會有人帶著有色眼鏡來看待，說一些「那傢伙明明是學者，竟然存到了錢、竟然賺到了錢（對我來說，這是一種責難）。他好像很有錢，真是豈有此理……」之類的話，每每抱持著像對別人的疝氣感到煩憂般的心態，最後還多管閒事，想要干涉別人的儲蓄生活。這群人斷然認定，人不應該有錢，有錢的人一定就是品行低劣的人。

這是一種日本人特有的壞習慣，也就是所謂「武士即使窮到沒飯吃，也要假裝剔牙」這種封建思想的遺害。而且，要說這批人是否完全不想要錢，卻又並非如此；應該說他們對錢財比別人更加敏感，正因為敏感，所以才會連別人的手頭是否寬裕都很在意。

大體上，這個社會就算是德高望重者，也難防嫉妒他的敵人存在，更別說我們這些並非有德者的凡人了。而且，在這樣的想法與情感下，超越群眾、創造財富、擁有財富的人，往往容易引起周遭無謂的誤解。

我也不例外，只是因為我有點錢，就有同事跑來勸我辭職，大大跌破我的眼鏡。這件事讓我深切感受到，賺錢雖然很難，但用錢比賺錢還要難得多，就連要捐筆錢都很費事。

同事勸我辭職

那是發生在我大學任教期間的事。當時，以東京大學等單位為主，大家討論著要創設學士會館，也請教授、副教授等人在自己能力範圍內捐錢。

那時候，我在自己的能力範圍內，與鈴木梅太郎先生一樣，都捐出了一千圓。沒有想到，這竟然變成了大問題。並不是我捐得太少，而是我捐得太多。鈴木先生擔任某製藥公司的顧問，他有錢並沒有什麼好奇怪的，但我捐的一千圓，大家就覺得很不可思議了。「只不過是一介教授，怎麼一下子拿得出那麼多錢來呢？我們都是從月薪裡頭每個月拿五圓、十圓，而且連五十圓、一百圓的金額都有點分攤不起，為什麼本多能夠拿出一千圓這麼一大筆錢呢？本多一定自己在搞什麼投機活動吧！他明明是大學教授，真是豈有此理，他不配當個學者！」在農科大學裡，我捐錢的事引發了嚴重的批評。

結果，一些性急的人做成系內決議，很快跑到我這裡來，勸我辭職。前來我研究室的代表是相當於我前輩的横井時敬先生，以及另一位長岡宗好先生，但這種事就連我本人，也都感到倉惶失措、目瞪口呆。

然而，姑且不論理由是否適切，要求我辭職是否為系內一致的決議，我個人也只能先反省一下自己是否有不道德之處。我什麼也沒說，乾脆而清楚地回答，我會寫辭呈。既然他們認為這筆一千圓的捐款來路不明，而且懷疑它是不義之財，我也甚感遺憾。但我心想，辭職歸辭職、錢歸錢，這部分我還是要好好辯解一番才行。於是我說：

「那麼，這樣子你們的任務就達成了。現在換我提出請求了。朋友一場，請你們幫我重新調查我捐款的來源。」

接著我硬把橫井先生與長岡先生拉到我家去。然後，我馬上要求老婆，「妳把我任職以來的家計簿全都拿過來，還有存摺與股票也拿來。」

於是，我把線裝的幾十本大帳本，與相關的文件，全都堆到兩人面前。

這下子換橫井先生他們不知所措了。堆積如山的家計簿，從第一本起就鉅細靡遺地好好記載了幾圓幾十幾錢的收支。這時候領到多少月薪、這時候支出多少，這時候的旅費餘額多少，這時候又存了多少錢等等，無論翻到哪一頁，無論去看哪一年的結算，不但一目瞭然，而且不是我在稱讚自己的老婆，這些東西都是以更勝男人的英挺字跡記錄下來的。看到某個日期時的存款總額是多少，只要去把那一天的存款餘額都加總起來，都會一一吻合，不多也不少。

這下子，他們兩人都大吃一驚，服輸了。他們邊說「哎呀，這個嘛……」邊向我道歉。這時，我便把自己費心預扣四分之一的薪水儲蓄，以及其成效，沒完沒了地講給他們聽。我說，其結果就是目前達到了這樣的金額，一切都是在我誠實的汗水與幹勁下工作獲得的渣滓，甚至於把我那幾萬幾千圓的財產總額都給公開了。

我駁斥道：「我從這些財產裡捐出一千圓，是在我本多的能力範圍內。這樣子，你們還要說我捐這筆錢是豈有此理嗎？」

那一晚，他們兩人再三道歉後回去了，但我如同自己明講的一樣，隔天帶了辭呈出門，半惡作劇地讓橫井君他們感到困擾。

自那之後，我和橫井一下子就變成好朋友了。

到這時候，我才知道偉大的家計簿有這麼大的幫助。後來，橫井甚至還特地要他太太來，希望我們教他怎麼寫家計簿。我也想在此先特別向各位強調，在儲蓄生活中，一定要先從寫家計簿開始才行。

打工的產物

好了，回到前面的話題。一個勤勞的人要想攢錢，如果光靠消費面的節約這種消極的做法，是不夠的。在不影響正職的情形下，可以挑選補正職之不足、又可以學到東西的事情，在正職之外從事打工。

我的打工項目，開始於「每天寫一頁文章」的「修行」。

我是在滿二十五歲的九月開始實行的，伴隨著四分之一儲蓄的展開，我每天也一定會寫一頁（每行三十二字、每頁十四行）以上的文章，而且還是有印刷價值的稿子。每天我一定都持續撰寫，第一期目標是寫到五十歲為止。這件事與儲蓄一樣，忍耐與持久同樣重要，一開始固然很辛苦，我還是斷然做到底。如果去旅行一星期，就會累積達七頁未寫；接下來的一星期，我就必須以每天寫兩頁為目標補寫回來才行。如果煩心於年末的瑣事，把時間占走了，隔年我會在元旦清晨外出到學校去，甚至會寫個十頁、二十頁存起來。寫著寫著，漸漸有趣起來，到最後我明明要去長期旅行，卻總是提前撰稿把它寫完。

不過，四十二歲時，我得了腸傷寒，住進紅十字醫院，中間有三十八天被迫停止了這項「修行」。為了把功課補寫回來，我改為每天以寫三頁為目標，從出院隔天起就再度鼓足幹勁動筆。就這樣，寫著寫著，它變成了我的新習慣，每天寫三頁稿子，也就是一年寫一千頁稿子，在不知不覺間成了我的第二個固定習慣。第一期的期限五十歲早已過去，現在八十五歲的我，還是持續著這項修行。雖然其中有很多無趣的書，但我還是寫出了三百七十多本的中小型著作。

除了著述活動外，我也從事社會上所謂「賣學問」的活動。「賣學問」

這種說法然當是負面的，不過因為我有把握，因此不管是賣掉也好，批售也罷，以學問立足的我，決定要因應買方的需求，光明正大地賣學問給他們。而且我認為，這麼做也是實際在應用學問。

於是，我在自己的大學從事正職之餘（我絕未因此怠忽正職，反而比別人加倍勤奮，從來沒有給學生停課過）我接受了東京府、市、內務、文化教育、鐵路等各政府機關的特聘工作，也同時擔任早稻田大學等其他學校的兼任老師。如果仍有空閒，我也會接受民間企業家來找我諮商財務或事業上的問題。總而言之，只要能做的工作，我就全部做到底——這是我的打工活動，也是我在有把握之下貫徹的打工精神。

從儲蓄轉往投資——等待時機

不過說真的，就算靠著節約儲蓄以及正職外的打工收入，結餘也不是太多。就算把人一生的收入全部加起來，依然有其限度。就算我把自己大學在職三十七年間的薪資全都一毛不留，以百分之四的利率儲蓄起來，算起來也只有十九萬圓左右。

就我而言，財富之所以能夠達到連自己都大感驚訝的成果，是因為儲蓄與打工累積起來的錢，成了雪人的核心，不斷變大所致。也就是說，很多人都因為沒有突破「儲蓄之門」的範圍，未能成為巨富。

藉由儲蓄與打工做出雪人的核心之後，接下來怎麼辦呢？從這裡開始才是「致富的主要道路」，要去積極構想以錢滾錢的新方法。

這絕非「投機」，也不能「投機」。人畢竟還是得腳踏實地「投資」才行。

在這方面，我遵守財政經濟學恩師布連塔諾博士的教導，而大獲成功之事，前面已詳述過。因此，我決定在這裡把自己的體驗摘錄出來，簡單把「本多式投資法」介紹給各位。

但在具體說明之前，我要先提醒各位，在期待任何事情成功時，都一定要先理解的重要處世信條之一，那就是，凡事都要「等待時機」。不焦急、不懈怠，等待時機到來。投資要想成功，這一點尤其重要。

本多式股票投資法的要領

我在財產方面的成功，來自於股票與土地山林。

首先，從股票開始講起，我貫徹的是：**「兩成就套利，翻倍就賣掉一半」**這種方法。

我會盯上股票，一方面因為布連塔諾老師的建議，另一方面也是因為股票管理起來很簡單，以及它的報酬比銀行存款好得多。例如，那時候的存款利率只有百分之四，股票只要是極穩健的，獲利率可達百分之八。因此，同樣是一萬圓的本金，如果把存款提領出來投資股票，就能發揮兩倍本金兩萬圓的功用，所以我一直留意著把資金逐漸轉往股票方面去。說到股票，當時，保證金買賣的投機很興盛，很多人在超出自己實力的投機心理下賺到大錢，但也都很快就失敗，陷入悲慘的境地。這種投機，我是絕對不碰的。

因此，在打算購買某檔股票時，我總是會先準備好全額的款項。由於購買手續簡單，我經常會選有潛力但目前價格偏低的績優股。不管價格跌得再多，我都會準備好全額款項，因此我總能處之泰然。然後，如果在交割期限前股價出現意外的上漲，只要漲幅到達買價的兩成，我就斷然轉賣套利，絕不貪求更多。接著，把兩成的利潤金加到本金裡，重新存為銀行的定存。也就是說，只要多出兩成的利潤，都遠比銀行存款或股票的獲利要高得多，因此我總是這樣就滿足了。這就是所謂的「兩成就套利」的方法。

接著，以前買下來的股票，有時候在經過漫長時間後，會漲到兩倍以上。相對地也有可能跌價，但由於保有這檔股票也沒什麼不好，我會一直持有下去。因此，絕不會虧損，這種時候，我一定會先把手邊的一半持股賣掉。也就是說，只先回收投資的本金，確保為存款。因此，剩下來的股票，就完全是免費的了。免費的股票，再怎麼暴跌也不會有損失。這就是所謂「翻倍就賣掉一半」的方法。

安田善次郎[1]老先生建議別人的，是「百分之六賣出、百分之八買進」的方法，也就是如果有獲利到達百分之六以上的股票，就拿手邊所有的錢全部買進，等漲到百分之八的獲利時就全部脫手。這套方法，他自己似乎也在實行，不過我相信自己的方法和他的一樣有趣。

我最早挑選的是日本鐵道的股票，但後來大家愈來愈不看好私鐵股票的未來性，因此我就留意著要分散風險，針對瓦斯、電力、製紙、麥酒、紡織、水泥、礦業、銀行等三十種以上的產業，分別挑選績優股。這些股票也全都獲得某種程度的成功，使我的股票財產總額後來達到幾百萬圓。

如果要問我，至今自己覺得操作得最好的股票投資，那是在關東大震災發生後不久的事。那時，所有股票都暴跌，其中東京電燈等股票尤其如此，甚至跌了近十圓。我仔細一想，這樣也太過悲觀了，如果此時先買進的話，一定能回復原本的水準。結果我在十二圓五十錢時開始買進，在我資金能力的範圍內買到四十五圓為止。最後，結果如我所料，股價一超過五十圓，我就趕快把手邊持股的三分之二換現，把剩下那三分之一賺到的當成免費一樣留下來。像這樣，免費的股票是無論如何都不會虧損的。也就是說，我藉此賺到了出乎意料的一大筆錢。

對了，最後我留下來做為養老金的特別銀行、海外股票，在敗戰後成為犧牲品而全部歸零，這就真的是莫可奈何了。面對世界的大變動，不管你是什麼財團或個人，都無法抵擋，但這樣的失敗就不列入討論範圍了。

不過，如果老是擔心這樣的大變動，將會綁手綁腳什麼也做不了。因此，希望能在投資戰中每戰必勝的人，我建議隨時都要靜靜觀察景氣的循

1 日本實業家，也是四大財團之一安田財團的創始人。生於天保九年（一八三八年），卒於大正十年（西元一九二一年）。

環，**在景氣好的時代勤儉儲蓄，在景氣不好的時代斷然投資，不放過機會，巧妙地反覆做這樣的事**。

我原本就不是以成為富豪為目的，雖然自己這麼做得到的財產只有一些，但如果真的去計算我至今在各學校、政府機關的實驗林、水源涵養林，以及擔任各企業家的顧問所獲得的實際成果，收入至少也有幾億圓之譜。因此，我在這裡講的絕非自吹自擂。

憑藉自然力量的山林投資

山林是我的專門領域，相當於其經營核心的「造林學」，也是我長久以來任教的科目。因此，以我的立場來說，當然對於山林會有更深入的興趣與研究；再者，如果我投入私人財產使公私利害相一致的話，將會大大有助於結合學問與實際。

前面講過，在投資股票的同時，我也把目標鎖定在交通不便的秩父深山裡的山林。這個舉動，其實還有另一個動機，在此我想先講講這個小插曲。

從德國回來任教後不久，我就創立了故鄉埼玉縣的學生輔導會，開始募集基金。那時候，我去拜託的前輩們，不是責罵我「別做無謂的事」，就是挖苦我「你自己到底出了多少錢啊」，要不就是嘲笑我「等你變有錢人再來著手吧」。因此，我深深地感受到，這不是件容易的工作。一定得自己先籌出一百萬圓以上，否則一切都是空談。於是我下定決心，既然以人為對象無法馬上完成這件工作，那我就另外訂定計畫，以靜候時間與自然力量的山林為對象，來籌措一筆可觀的人才培養資金。

自那時起，我一找到相對便宜的山林，就會那裡買一山，這裡買一林；價格一好就賣掉，再改買便宜的大山林。而且，我訂出逐步把分散於各地的山林集中到一個地方的計畫，也一步步付諸實行，最後變成了秩父大瀧村內八千町步的大山林。

我原本的打算是把這片山林賣掉，將所得拿來充當人才培育的資金。不過，如果把本金用掉了，就無法長久。因此，我改變了想法，覺得山林應該維持山林的樣子，予以管理與經營，再從每年的收益中先存個一百萬圓才行。然而，我自己又沒有空閒直接管理它們，後來我發現，把這些山林都捐贈給埼玉縣，交由縣方為它訂定百年大計會更好，因此在昭和五年十一月，透過「本多靜六、本多博、鈴木清次（我的祕書）共同捐贈」的形式，付諸實行。

從兩萬圓變成五千萬圓

去年（昭和二十四年）十一月，埼玉縣知事突然通知我，在秩父郡大瀧村中津川部落那裡，興建了一面縣有林紀念碑，即將舉辦盛大的揭幕儀式，因此請我務必出席。那片縣有林，就是剛才我講到的人才培育會的基本財產，是我在五十年前買進來的中津川部落的共有林或是私有林。那時候的成本只有區區兩萬圓吧，不過我把大部分都捐贈給了埼玉縣了。其面積在土地登記簿裡是四千八百多町步，換算成今天實際價值的話，是滿可觀的。假設一町步就算它一萬圓好了，總共也有四千八百萬圓吧。

五十年前的兩萬圓，在五十年後變成約五千萬圓。這樣子，各位應該清楚了吧？在這段期間，就算有通貨膨脹這種經濟大變動，但仰賴時間與自然力量結果的山林投資，依舊是有利可圖的。

至於那面紀念碑，用意在於讚揚要用這所有山林成立人才培育基金，而把它捐贈給埼玉縣的我，要把緣由記錄下來永久流傳。我雖然明白這是埼玉縣當局特地設想的美意，但我也有自己的考量，因此沒有應邀前往。

原因在於，那片大山林會有今天這麼高的價值，主要來自於時勢的變化，同時也多虧了當地村民等大德以及埼玉縣當局，辛辛苦苦把林道或汽車道開拓出來，這絕非來自我個人的努力。如果把它當成本多一個人的功績來稱頌，這絕非我的本意。不過，雖然我個人婉拒了埼玉縣當局的盛情邀約，但還是讓小犬代我出席，接受那份光榮。

就算暫時不從大面向的國土計畫來看造林的問題，光是從投資經濟的角度來看，我也請各位今後把目光多聚焦在山林的種植之上。我的想法是，股票投資固然很好，一般不動產也不壞，但是在時間與自然力量的加持下，於不知不覺間大有所成的山林事業，是不容錯過的投資標的，從愛護國土的觀點來看，也是極其急迫的要事。至少我個人相信，長期來說，公益事業團體的基本財產的一部分，一定得配置在這方面。光看埼玉縣人才培育財團的例子，如果我一開始募到了一百萬圓的資金，而放棄了對於山林的各項計畫，歷經這次的大變動，恐怕會連本帶利都賠光吧。一想到這裡，我就覺得很感謝。正是因為轉投資山林，我本多才有今天。這絕非「老王賣瓜，自賣自誇」，因為現實狀況已經漂亮地為我證明了。

第三章

財產如何處理最為困難？

- 對於累積財產的疑惑
- 子孫的幸福與財產
- 安田善次郎心中潛藏的大志
- 自我意識與資產家的悲哀
- 雙倍的財富≠雙倍的幸福
- 煥然一新的新人生觀

對於累積財產的疑惑

好了，我的「財產告白」，現在已經自然而然地從如何創造財產的問題，進入了如何處理財產的問題。

存了錢要做什麼？攢了錢，到底要用來做什麼呢？

對於存了錢與沒存錢的人來說，都同樣會問這個問題。

尤其是那些存不到錢、攢不到財產（其實是錢存不下來、財產攢不下來）的人、會從旁觀察那些存到錢、攢到財產的人們，為他們擔心起這個問題來，暗地講他們壞話，或以此做為聊天的好話題。不過，我本人也一樣，這其實是我年事漸高後，開始略感疑惑之處。

以前，在埼玉縣人會的一次聚會中，我針對先前提到的「工作興趣論」發表一段談話後，澀澤榮一[1]老先生起身說道：

「年輕的時候，在我自己的故鄉，有個七十幾歲的老人，叫阿賀野九十郎的，他從大清早到深夜都充滿幹勁，一心一意地做生意。有一次，他的孫子和曾孫們聚在一起，建議他：『爺爺，就算你不這麼拚命工作，我們家也已經有了很多錢和田地了不是嗎？您要不要到伊香保或哪裡去泡溫泉療養，放鬆一下如何？』九十郎老人說：『我的工作就是我的興趣，事到如今才叫我不要工作，就等於要我中止難得的興趣一樣。真是一群不孝的傢伙。而且，你們開口閉口就是錢，錢這種東西只是伴隨著我興趣而來的渣滓而已。這種東西，不是怎樣都無所謂的嗎？』——各位也應當照著本多的論點，好

1 澀澤榮一（1840~1931）有「日本實業之父」的稱號。日本明治時期的重要經濟推手，也被稱為「日本資本主義之父」。

好好地把工作當興趣，順便再好好累積一些興趣的渣滓。」

雖然澀澤先生這麼說，但就算是那些不把錢當問題的人，一旦累積過多的渣滓，有時候也會擔心錢該怎麼處理，連旁人都開始感到焦慮了。

對於這個問題，我心中其實一直暗自在反覆思量。前述埼玉縣有林的捐贈行為，固然是實際解決問題的一種方式，但如今回顧起來，還沒有到我完全滿意的地步。

子孫的幸福與財產

每個人創造財產的目的，一開始多半是為了生活的安定、經濟的獨立等等。但大部分狀況下，都會在不知不覺間變成發自於父母親、希望「子孫幸福」的關愛。

也就是說，它會漸漸變成「希望盡可能多攢一些財產、盡可能多留給子孫」這種世俗的想法。說來難為情，我自己也或多或少萌生過這種愚不可及的念頭。在考量子孫的幸福時，我也曾經太早下結論，認為只要先把子孫健康地養大，施予完善的教育，並且把相當的財產分給他們，他們就足夠幸福了。後來我才漸漸察覺到，這樣的想法大錯特錯，其實完全不必要考量到最後「把相當的財產分給他們」的部分，因為那反而會陷子孫於不幸。

一旦談到「什麼是幸福」這個問題，說起來或許有些囉唆，但它絕非父母親想給就能給，也不是子孫想收就能收的。畢竟，幸福得靠每個人各自的努力與修養才能贏得、才能感受到，並非給子孫教育或財產，就能達成。健康很重要，教育也很重要，不過，世人太早下結論，以為財產是其中最重要的一樣東西，但它反而是完全不需要的一項。比它還重要得多的，在於一生不斷奮發向上的氣魄，以及努力奮鬥的精神，以及如何充份使它們充份融入子孫的生活習慣之中。

雖然時機晚了點，但是靜下來思考自己累積了多少財產，然後把這些財產連結到子孫的幸福上時，我做了這樣的結論。

再進一步考量社會環境，就算分給子孫某種程度的財產可以成為讓他們幸福的基礎，今後因為遺產繼承稅的累計，或是相當於國家沒收的新法案出現後，事實上會變成連想贈與給子孫都不可得。況且，就算贈與子孫一些財產，一定會有新訂定的不勞而獲稅之類的強化項目，使父母親贈與子孫的財產無法帶來任何利益，甚至還可能成為子孫無用的負擔。所以還不如讓子孫照著他們自己的意願，自由奔放地去活動、去努力賺取財產。這麼做，不知道會有多好。因此，真的要讓子孫幸福的話，就要把他們教育得願意努力、要盡早教會他們努力的習慣，以及盡可能讓他們置身於必需努力的環境中。從這個角度來看，也會得到相同的結論。

於是，我藉著屆齡從大學退休的機會，以一句「為了兒孫好，不買肥沃的田地！」（這並非仿照西鄉南洲[2]的口吻）表明了我的新決定：只留下最低限度需要的財產，其他全部捐贈給學校、教育、公益等相關團體。這時候，鑑於本人之前也曾經有過這樣的經驗，為了避免世人的誤解，也為了婉謝對捐贈行動的榮譽褒揚，我不是匿名捐贈，就是借用別人的名義捐贈。

2 江戶時代末期的薩摩藩武士暨政治家，即西鄉隆盛，南洲是他的號。明治維新三傑之一。

這是我徹底思考後得到的財產處理方式，也是我把老早做好的結論「讓子孫幸福的方法」直接付諸實行的結果。

安田善次郎心中潛藏的大志

累積財產固然困難，但巧妙運用財產更加困難。針對這個問題，我曾經單刀直入地詢問過已故的安田善次郎老先生。

那是大正十年的九月、我前往位於大磯的安田別墅的時候。當時八十四歲的善次郎老先生對我說：

「如今我仍舊想著要賺錢。不光是想而已，我還囉唆地吩咐店裡的人，要他們去執行。因此，世人都批判老朽我是個守財奴什麼的，可是這不是很怪嗎？年輕人熱衷於買賣大家就稱讚，老人家熱衷於買賣，大家就說東道西的。我身為銀行家，想要以銀行家之姿工作到最後，到底哪裡不對了？這一點我非常無法理解。或許是世人吃味我的錢只有增加沒有減少吧，但我之所費盡苦心希望錢多少可以增加一點、多少可以變多一點，再盡可能有效地加以運用，到現在都還沒有停止賺錢，是因為我有遠大的志向。」

如他所言，那是他花了一輩子認真存下來的錢，因此他想要認真地使用在最後值得追憶的事情上、使用在最有意義的事情上。他也說，其實他現在訂定了什麼什麼計畫，也打算和誰誰誰商量看看，把各式各樣的內容都透露給我聽。

聽了之後，我又是驚訝又是開心，兩人相互執手後，我在感動的淚水中道別。在那之後，才約莫十天的光景，就發了那件驚人的變故（西元一九二一年，大正十年九月二十八日，安田老先生在大磯拒絕了沒有理由的捐款要求，被朝日平吾[3]刺殺身亡）。聽到這個消息，我不由得跳了起來。怎麼會有人做出這種事？我打從心底憎恨朝日這個人蠻橫的行為。

事到如今，我也不能把那時候善次郎老先生講的遠大志向披露出來。老人家有老人家自己的夢想。一代的傑出商人，有著唯有一代傑出商人才能策畫出來的遠大志向。世上為什麼會有這麼多人七嘴八舌、好管閒事？為什麼就不能靜靜地守護著人家的夢想，讓人家實現他的夢想到心滿意足的地步呢？尤其是日本社會，和歐美相比，這種七嘴八舌與好管閒事的心態格外嚴重。他們缺乏讓有錢人大手筆花錢的雅量。因此，很少會有了不起的大富豪，能夠把事情做到畫上美好的句點。

當時，我太過憤慨，一有機會，就會激動地把這樣的想法寫個不停、講個不停。不過，直到現在我的想法仍絲毫沒有改變。

---

3 日本國粹主義者，殺人後當場自殺。根據他所留遺書，原本就計畫一旦要不到錢就殺死安田後自殺。

自我意識與資產家的悲哀

就當是題外話吧，這裡先稍微安插一下，先前談及的安田老先生的財產告白。安田老先生致富的基礎，不消說就是勤儉與儲蓄。就像我一樣，一代金融鉅子安田也是這麼做。而且，他一旦決定要如何達成勤儉儲蓄後，也和我一樣，畢竟是靠「意志的力量」貫徹下來的。安田老先生凡事只要心意決定、動手去做，就算粉身碎骨，在做完之前也一定不會罷手。而且，讓財產增加原本就是他的本業，只要讓他弄到手，他會充分把一件工作牢靠做好，完全當成是自己的事情一樣拚命。無論碰到什麼事，只要預估會這樣，一定都能照著預估的狀況完成，從來沒有例外。因為有這樣的拚勁，白手起家的他才能累積起那樣了不起的龐大財富。「不管你累積再多財產，死後都帶不走。」

安田老先生經常帶著玩笑的口吻，向熟識的我講這句世俗常講的話。既然帶不走，年老時就要認真針對如何處理、如何活用財產，做通盤的考量。

然而，遺憾的是，安田老先生在只差一點就要完成的時候，因為意想不到的阻礙，而變得一團亂。對已逝的老先生或對世人來說，這都是很可惜的事。如果老天有眼，對於他這種有創造財產的強烈自我意識的人，是否也應該讓他在運用財產上，能夠展現強烈的自我意識呢？

有鑑於此，我略為提早處理了我的財產，再加上我死後也有各種要指示大家幫我做的事，因此在那之後，每年年底，我都會預先寫好遺囑。還有，有如遺產般給孩子們分配的東西，雖然只有一點，我也都盡可能提早交給他們，做為所謂「生離的紀念物」。這樣的話，孩子們就絲毫沒有必要等著我去世了。

雙倍的財富≠雙倍的幸福

講個很久以前的故事，在我還是窮學生的時代，首度得以吃到有生以來第一碗天丼時[4]，我驚嘆於這世上竟然有這麼好吃的東西存在。地點是在上野廣小路的梅月，請客的是金子叔叔。

回顧當時的日記，寫著：

「那種美味，筆墨實在難以形容。雖然想再來一碗，但姑且還是作罷。售價是三錢五厘，可以的話，希望有機會能夠吃兩碗。」

日後，我從海外留學回國，趕緊跑去試著完成我「吃兩碗天丼」的宿願。然而我實在吃不完，而且，也沒有以前那麼好吃了。這種失落的事實顯露出來的悲哀，可以說凡事都是一樣的。

過奢侈生活的欲望，或累積財產的願望，也是如此。每個月過一萬圓生活的人，就算努力實現每月兩萬圓的生活，幸福也不會變成兩倍；就算財產達到十萬圓，幸福也不會因為這樣就變成幾倍。人生的幸福究竟是什麼？決定的因素在於，和你現在的生活相比，你的生活移動的方向是往上坡而去，還是往下坡而去；是漸漸往上，還是漸漸往下。

也就是說，幸福不是取決於我們目前地位的高下，而是看你漸漸往哪個方向移動。因此，生來有錢的人，以及成了富豪的人，已經位於山坡的頂端了，要想再往上並非易事，一個不小心還會摔下來，必須不斷為此擔心；但處於山坡下方或中間的人，不太會再往下跌，而且只要一點努力就能一直往上爬，因此反而會有比較多的機會感覺幸福。

4 天丼，台灣慣稱為炸蝦飯。

也就是說，有人拿著兩碗、三碗天丼到你面前時，如果全部吃光光（並不是每個人都只吃得下一碗），難得的美味天丼吃起來也不會好吃。如果只點一碗天丼，吃得你咂嘴叫好，那才真正能吃出味道來，也才有食物的味道帶來的快樂。自己擁有一些財產後，你說它是天丼哲學也好，人生哲學也罷，總之，我自己找到了一條道路。

煥然一新的新人生觀

說真的，年輕時，我曾經訂過這樣的人生計畫：「四十歲之前要勤儉儲蓄、建立穩定生活的基礎；六十歲之前要專心究學；七十歲之前要義務報效國家，七十歲後要在山明水秀的溫泉鄉過著晴耕雨讀的快樂生活。」

後來，縱然幾經波折，我還是照著這個計畫過活，很快地就越過八十歲的山頭了。不過，歷經國家人戰與戰敗的變動，我的生活也不免產生一些變化。而且，變化的結果是，我讓生活安定的方法，超越了「要趁著年輕勤儉儲蓄、從事慈善、報答恩惠、積陰德，老了之後再靠著這些東西的累積以及陽報快樂隱居」這種舊有的思考方式，乾淨俐落地捨棄掉「快樂隱居」等不自然的怠惰生活，在「人生就要努力，努力就會幸福」的新人生觀下，我老舊的財產觀，以及陰德陽報的想法，也全都變得煥然一新。

第四章

金錢與處世

- 二選一的道路
- 別陷於「三失」的生活
- 別借人錢、別向人借錢的戒律
- 醜話先說
- 「賺錢機會」與貪多務得
- 以偏狹為戒
- 輕鬆捐錢的方法
- 「四分之一捐贈」與社會性財產稅
- 不可偏離現實

二選一的道路

只要錢沒有從這個世界上消失，誰都無法無視於錢而生活。只要社會裡存在著財產權，擅自否定它的任何人，就無法獨當一面處世。古諺有云：「有錢能使鬼推磨」，直到今天這普遍性依然存在。

總而言之，世俗所謂的成功，最重要的，首推在經濟生活上能夠獨立。要是做不到這一點，凡事都難以成功；或說，就算你成功，這個社會也不會把它看做是真正的成功。還有，無論何職何業，要想實現人生中最重要的經濟生活的獨立，只能靠積極工作，以及消極地節儉與忍受艱苦而已，別無他法。一個人再怎麼努力工作，如果不知節儉也沒用，因為那就像拿竹籠裝水一樣。相對的，一個人再怎麼節儉，甚至超過節儉到了吝嗇的地步；如果他不工作，也不行，因為那就像死守著酒壺裡的水一樣，最後只會散發出腐壞的臭氣而已。

吝嗇與節儉，原本就是截然不同的兩件事。吝嗇是連該出的錢也不出，到了不盡人情的地步也一毛不拔，它與節儉看似相同，實則有很大的不同。節儉是該出的錢就好好出，也會好好地講究義理人情，但是對自己則知足安分，排除一切浪費，以過克己的生活為目標。

不過，社會上往往會把二者相提並論。節儉容易遭人當成小氣鬼般的吝嗇而咒罵。這使得一般人無法忍受節儉的生活，或者拿它當成難以忍受節儉的藉口。然而，在今天的實際生活中，我們必須二選一：不是面對社會笑你吝嗇，但累積得到錢，就是要面對社會稱讚你出手氣派，卻一生貧寒。在這種狀況下，我毅然決然採行了前者，就如同至今我持續講述的各種事情一樣。

我之所以有這樣的把握，是因為自己已經想過：如果選擇當前者，雖然一開始別人會罵你小氣鬼，但等到累積起實力後，依舊可以轉為真正出手闊氣的人；但後者雖然看來氣派，事實上卻做不了什麼事，日後別人反而會罵他「真可悲、這個笨蛋、真是個窩囊廢……」之類的話，最後必然會造成別人的困擾。

別陷於「三失」的生活

據說，貧困會使人變遲鈍，這話也是真的。人一旦貧困起來，不但他自己辛苦而已，他還會失去義理、失去人情，因而顏面盡失，也就是變成俗稱的「三失」。既造成別人的困擾，也會迫不得已說起謊來，最後還會完全失去社會的信任。說起來，財產日漸減少，或是狀況每下愈況時，會覺得算盤好難打；但如果狀況一點一點變好，算盤打起來就好輕，會發出啪啪啪很有氣勢的聲音，打著打著也會冒出連自己都驚訝的好主意來。一旦發展到這種地步，那可真是好極了，世界上什麼事都變得有趣起來，人也會自然而然老老實實地四處奔走，努力的勇氣也會漸漸冒出來。

貧困固然會變遲鈍，但遲鈍的話，會變得更貧困。

事實上，如今的社會也是，會犯下各種不法行為的，多半都是起因於生活的奢靡。由於過著奢靡的生活，金錢不足、債務增加，到頭來陷於收賄、詐欺、盜領、挪用等狀況中。

以我的觀察來說，真正老老實實過生活的人，很少會因為生活陷入瓶頸，就走上做壞事的道路。老老實實工作、儲蓄、節儉，在生活上算寬裕的人，絕對不會淪落到做壞事。他們根本沒必要刻意做這種傻事。所以，根據我多年的經驗，不分公務員還是銀行行員，我敢斷言，只要他不存錢、過著奢侈的生活，而且還抱持著超出自己能力範圍的投機念頭，或是沉迷於賭馬、自行車競技之類的東西，尤其是那種進出花街柳巷的人，一定遲早會闖出這一類的禍來。中小企業的經營失敗，也同樣是這種情形吧。

好了，再次言歸正傳。總而言之，希望盡早確保自己經濟生活獨立的人，不該受到社會上那些無聊想法所惑。不該去聽那些說你是小氣鬼之類的謗言。只要該出的錢就出，該做的事就先做的話，就不用懼怕任何人。首先，應該朝著貫徹自己起初立定的志向邁進。批評只是一時的而已，只要你閉上眼、彎下腰、不顧一切往前跑過去，就算身陷使人心煩的煙霧中，也不會有倉皇失措的情事發生。無論儲蓄的增加或是財產的累積，都會順順利利，愈來愈起勁。

別借人錢、別向人借錢的戒律

人只要多剩下一點錢、有了一點財產，馬上就會有人向你說「借我」。而且還是從那些至今在一旁對著你的辛苦與淒慘指東道西批判著的人群中冒出來的，弄得你又是驚訝、又是愕然，也因而感到困擾。

妨礙你貫徹初衷的因素，也埋伏在這種地方。要想好好擺脫它，得花一番工夫。自古以來，關於金錢的借貸就有著各種戒律。莎士比亞也說：「不要向人借錢，也不要借錢給人，因為借錢給人會讓你同時失去金錢與朋友。」當然，別人開口借錢時，也都會有他聽來的正當理由，實在教人進退兩難。不過，對於親戚朋友在金錢上的融通，最好還是能免則免。這是為了彼此好。其實，金錢的借貸並不是只有錢而已，也會形成讓你失去重要親友的因素，所以無論什麼情形下，都不要借他們錢。

至今為止，我也破了不少次戒，把錢借出去。尤其當朋友們一把自己窮困的事實講給我聽，我就會忍不住感到同情而拿出錢來。不過，我出於憐憫而出借的錢，幾乎沒有過獲得有效活用的例子。各式各樣的人，會在各式各樣的場合向我借錢，由於第一次找我借、金額不大，或是因為他特地來求我、我覺得很可憐之類的因素，一開始我總會想要出借。但借出去的錢，他們用起來幾乎都以失敗收場，對於我或對方都造成很大的損失。

總而言之，只要是那種曾經找你借過錢的人，一定還會再來第二次、第三次。這時候如果不繼續借他，就會連先前借出的部分也跟著完蛋，因此往往會一再勉強自己借給對方。就這樣，等到自己也無力再出借更多錢時，雙方就不知不覺陷入切也切不斷的借貸關係中。社會上有很多人就像這樣，一開始是出於善意借人家一點錢，到頭來卻連自己也嘗到破產之苦。由於我也察覺到這種現象，因此第二次來借錢時我都會斷然拒絕，對方往往因而無視於我之前出借的恩惠，反而還大大埋怨我。

無論如何，一旦稍微賺到一點錢，任何人一定都會碰到這種借貸的麻煩。根據以往的經驗，像這種時候，我建議無論是誰，都要狠下心來，嚴格遵守一開始就不出借任何金錢的原則。而且，此舉也真的是為了雙方都好。

醜話先說

不論剛開始儲蓄，或是剛開始累積財產的時候，隨著我們在社會上獲得相當的地位、拓展社交與事業關係後，金錢與物資的籌措問題，也會漸漸變多。然而，我的想法卻是，無論什麼狀況下，金錢的借貸與籌措等等，最好都找銀行或適合的正式機構往來，和親戚朋友間最好不要有這種往來。

萬一有人來找你借錢，使你陷入進退兩難的困境，最好能夠視狀況，無條件致贈對方他所要求金額的一部分，絕不要寫下什麼字據，在期望對方還錢的想法下出借。今天這些金融機構，對於合理且真正需要的資金，連生活上需要的資金，只要借的人有信用，都可以找到願意借你的地方。甚至還會有出借人前來求你借錢的情形。可是，偏偏有人愛找親戚朋友借錢。我必須說，這些人畢竟是到哪裡借錢，都不被當成一回事、沒有信用的人。你借錢給這種人，卻又希望他們還你錢，這原本就是錯誤的想法。如果隨隨便便借給他，可能反而會害他失敗或墮落，不但自己蒙受損失，也使得他犯錯。

現在的我，已經沒有什麼錢可以借人了，但還是經常碰到向我借錢的人。這種時候，我不會借他錢，但是會盡可能協助他獨立自主。這樣的狀況下，就算他們會覺得「我特地來找你借錢，你卻以一文不值的說教把我趕走」而露出不開心的表情回去，但其中也有很多人反而會體悟到「金錢不能靠別人，只能夠自己拚命去賺，別無他法」，因而成為一個獨立自主的人，在各方面獲得成功。

說真的，無論任何時代，只要能做好心理準備放下身段、縮衣節食、不辭勞苦工作的話，就不會有欠別人錢、找別人哭訴的情事，而能夠過著自力更生的生活。不光是這樣，不知不覺間也會存到錢、建立起信用，甚至於反倒變成那種別人主動出錢要你幫他做事的人。

總而言之，會自己去找親戚朋友借錢的那種人（生病或受災另當別論），大體上都是因為有某種缺點或短處存在。因此，只要他不主動改正，你借他再多的錢，成功的可能性一樣渺茫。因此，就算一時設法借他錢，最後還是非得半途喊停不可。既然同樣要拒絕，還不如趁早拒絕，對他比較有幫助。古諺有云：「醜話說在前頭。」想來就是在傳達這樣的訊息吧。

「賺錢機會」與貪多務得

接著最應該注意的是，當有人來告訴你有所謂「賺錢機會」時，應該抱持的態度。會有人來告知「賺錢機會」，大體上都是因為它很好賺，不過「很好賺」這件事原本就有問題。人的欲望都是很深的，因此很容易會因為不該存在的「好賺機會」而上勾。但只要稍微冷靜地去思考，馬上就會發現，存到一點錢後，就會有所謂的「賺錢機會」冒出來，因此如果一個不小心，有時候就會不由得上當。

能夠大賺特賺的生意，也有大賠特賠的可能。按常理來想，不可能有那種只會大賺特賺，絕不會賠一毛錢的生意。而且，如果真有這麼好的事，任誰都會暗地裡一個人動手才對，才不會這樣到處勸說別人。就算真有這樣的賺錢機會，也不該貪心地想要自己一個人大賺特賺，而在超過自己能力範圍之下答應大手筆出資。如果真的是好賺的生意，應該要分別人一杯羹；如果光靠自己的出資不夠，應該要他自己也去說服其他朋友才對。照理說，如果沒有什麼特別的因素，對方其他的朋友卻又不願出資，就應該懷疑，這投資本身有什麼問題存在。如果除了他自己以外沒人出資，或是只靠他自己出資那項事業就無法成立的話，那麼就告訴對方，這門生意或許看來很棒，但是時機未到，請他暫時罷手就好了。

此外，比起借別人錢、投資賺錢機會，更應該注意的是，不要成為別人金融上的保證人，蓋下連帶責任的印章，或是幫人家背書蓋章。一些關係密切的親朋好友，常會來找我說：「只要你幫我蓋個保證人的章，我的事業就有救了；幾天內我就能還你錢，絕不會造成你的困擾。」不過，不少人因為一個不小心蓋下了保證人的章，結果飛來橫禍，一輩子都因而受苦。就像我一個知名的大學教授朋友（W博士），他就上了這種當，在區區幾百圓的借據上蓋下了保證人的章，沒多久那張借據轉來轉去轉到了高利貸的手裡，才五年左右的時間，就變成幾萬圓的龐大金額，光是付利息，他一輩子的月薪就不斷要遭到扣押，這種保證人章才真的可怕。因此，就算事情莫可奈何，就算變賣自己的東西出錢，也絕不要在別人借據之類的文件上蓋章。

以偏狹為戒

如前所述，總而言之，要想成功累積財產，就必須不焦急、腳踏實地，而且要在沒有疏忽的狀況下，等待時機到來。也不能出於宋襄之仁[1]，可憐世上意志薄弱者，就寵壞他們。因為貪多務得而參與賺錢的好機會是禁忌；因為無謂的義氣而成為別人借款的擔保人也是禁忌。很多人一開始維持著腳踏實地的勤儉生活，半途卻反悔了；仔細深究原因，是一些因為急於奏效，而採取不牢靠做法的人。也就是說，明明只要按照自己的實力推動就行了，

1 春秋時代中期，宋襄公迎戰來襲的楚軍時，以仁義之名，不願趁對方渡河到一半時或尚未列陣時趁機攻擊，結果自己大敗。後用於形容只知講仁義卻不明事態嚴重，因而誤事。

他們卻融資融到了超出自己的資產規模，或是到處借錢投資，涉入一些超過自己能力的大工作或自己不熟悉的事業。總之，一個勁地急著要成功，而卻沒有腳踏實地的人，將會失敗而歸。因此，就算賺到一點錢，如果急於要趕快變成有錢人，或是急著要讓財產增值，就算一時能有小成，最後也一定會摔跤。無論是誰，對此都應多加注意。

有句話說：「始如處女，後如脫兔。」凡事任誰都會在開始時細心地深思熟慮，也會尊重該領域的前輩或具有學識經驗者的意見。然而，一旦順利上軌道後，沒多久就會驕傲起來，很容易覺得自己變得偉大了。這麼一來，就不會再聽前輩的意見，也漸漸不把外人的批判當一回事了。到頭來，會因為魯莽投入大事業或是自己不熟悉的工作，導致很快地失敗。當然，其中還是有人達成所謂的大成功，但那是極其少見的例子。

我這裡也一直有不少企業家來找我商量事情，而獲得某種程度成功的。然而其中也有不少人，在一時的成功後沒多久就驕傲起來，失去經營事業的虔敬之心，一方面特地來找我商量，一方面卻又無視於我的極力反對，魯莽地進行擴張，結果徹底失敗。不消說，我這個人沒有什麼實務上的體驗，經濟上的學識也沒有到豐富的地步，但由於我與對方前來商量的事情並無利害關係，因此能夠「旁觀者清」，做出雖不中亦不遠矣的判斷。所以我認為，要想維護事業與財產的人，重要的是經常不怠於聆聽別人的意見。

有了一點小成功，卻因為急於維護它，害怕別人來講的都是一些借錢或融資的要求，而什麼也不聽進去的話，是很危險的。

人這種生物，不管有錢沒錢，往往容易變得心胸狹隘起來，要多加留意。

輕鬆捐錢的方法

好了，至今我講的都是關於維護自己的事業、累積財產相關的心得，不過既然我獲得了某種程度的成功，為了自己繼續成功下去，也為了讓別人也成功，成功者有社會責任把自己的餘力分享出來。此外，也別忘了是什麼因素讓自己能夠大有所成。對此，可以出資到有意義的事情上，或是提供協助給勢單力薄的人。總而言之，如果覺得世上只要自己好就好，別人死活都與我無關的話，將無法完滿處世。

從五十歲起，我就有個夢想，把自己確實得到的年收入分成四份，其中一份用來過活，一份用來儲蓄，一份用來交際與修身養性，剩下的一份投注於有益於社會的事業。不過，我所謂的「四分之一的儲蓄」，最後漸漸變成了「四分之一的捐獻」。因此，對於那些已經在財產上有某種程度成功的人，我建議他們採取這種「四分之一捐獻」的做法。

不過這時候，要注意捐獻的方法。就是你只要捐當時你出得起的錢就好了，**不要事先答應你會再出更多**。全部都以一次捐贈完畢的方式為宜。像各種學會或社會事業的會費那種東西，大部分都是設計成一次收取一年份的十倍或二十倍，就一輩子不用再繳了。而且，採取這種做法，對雙方來說也有很多方便之處。總之，不光是這類的會費，就連出資捐助有意義事業的錢，即便金額不大，還是不要事先答應未來會逐月捐贈多少，或是分成幾年捐贈，不然可能會有點糟糕。因為，隨著時勢變遷，自己的荷包狀況也會有所改變，要履行約定可能會變得很辛苦，可能會變得不太捨得，有時候也會變得不可能。不光如此，一旦答應人家後，對方會巴望著你，也會因為這是既得利益，而提出一些無理的要求。原本應該是開開心心出的一筆錢，有時候也可能因為生氣而變成心不甘情不願，使得雙方的關係變得不融洽起來。

因此，對於這種捐贈出資，我都是看當時自己能出多少就出多少，完全不會答應以後的事。只有像青年學子的學費那種項目，長年以來在性質上都是採預先答應的方式，因此在答應人家的同時，我會把全額的錢另外設一筆存款。等到需要用的時候，就從那本存摺裡逐一提領出來。因此，雖然多少要花點工夫，卻不會有被人家催討債款般的痛苦，可以開開心心地捐助到最後。而且，對方在收取這筆錢時，也比較不會覺得不好意思。

「四分之一捐贈」與社會性財產稅

最後，還有一件重要的事。那就是，財產終歸是社會寄放在你這裡的，累積起財產的人，除了納稅給稅務署之外，也應該做好心理準備，繳交應有的「社會性財產稅」。這一點，前述的「四分之一捐贈」就已經很足夠了，不過在一些日常的瑣事上，也必須盡量細心。

凡事要想成功，跟隨理性、抑制感性是很重要的。不過，有些狀況下，雖然不能太過扭曲理性，但還是會需要為理性穿上親切或人情味之類的外衣再呈現，而不是赤裸裸地把理性呈現出來。換句話說，就是抑制幾分理性，讓出空間給感性，是很重要的。

比如說，對於那種失敗得一塌糊塗，跑來找你借錢的人，如果把錢給他，固然會有一種把錢丟到水溝裡的感覺，但這時候我會像「責備歸責備，還是要買點酒請人家喝」這句話說的那樣，除了對他的未來提出勸告外，我會希望自己有餘裕可以當場給他一點錢。

這樣的場合既可給他本人一個自我反省的機會，對於我來說，也是付出財產社會稅的結果。澀澤榮一、安田善次郎兩位老先生的理性都很發達，都是我所尊敬的金融界偉人，不過安田老先生遭到殺害，澀澤老先生卻平安活到最後，我相信，正是因為這部分的準備是否周到的差異所導致的。

不可偏離現實

我半自豪地講了冗長的「我的財產告白」到這裡，但它究竟算不算是純正的告白呢？尚未完全捨棄世俗之心的我，並不清楚。不過，正因為我尚未完全捨棄世俗，因此我認為自己講的這些東西，並沒有和現實世界太過脫節。我有自信，自己八十五年來體驗到的處世與經濟的真相，大概都包含在這裡了。各位讀者可別不把我這個老頭子的嘮叨話當一回事。

今日對於金錢的義理與人情，與過去並無太大的差異，東洋與西洋也別無二致。而且，世上的一切幾乎都和金錢有關，因此甚至可以說，不正視金錢問題，就沒有辦法處世。

瞧不起金錢的人，會被金錢瞧不起。無視於財產的人，也會被認同財產權的社會所無視。這是這個世界不變的現實。

就算只有一項也好，各位讀者在我的漫長談話中，若能找到自己點頭覺得「原來如此」的部分，請馬上付諸實行。因為，如果你不把聽到的東西付諸實行，我理所當然地講述的這些理所當然的事所帶來的價值，依然是極其空泛吧。

一直以來，我就盡力避免自己講的東西淪於空談。經常觀察真相、講述真相，就是我的原則。

第五章

今後的投資鐵則

- 給賺了一百萬圓的青年之建議
- 如何賺到兩億圓？
- 一時流行的東西很危險
- 以資金引出資金
- 經常關心社會情勢

給賺了一百萬圓的青年之建議

那是今年[1]八月時的事。有某個人說他讀了〈我的財產告白〉，在雨天還特地來找我。簡單交換初次見面的寒喧後，我問他有何貴幹，他說：「我冒昧來訪，是想要恭聽老師您成為大富豪的祕訣。」

本以為他又是一個突然闖過來的怪人，不過我還是請他進了書房。

「我是個還只有二十八歲的年輕人。國中畢業後，我有五年的期間出征滿洲，幸而沒有受傷，平安歸來，後來我就發了瘋一般立志要從事賺錢的工作。當然，我做過正當的工作，也做過見不得人的工作，但這也是逼不得已。後來，我拚死拚活持續地賺，總算在四年內賺到一百萬圓。不過，看了先生的高見，您提到成為大富豪的祕訣，在於一開始就先拚命存到雪人的核心，達成之後，再巧妙地從存款轉為投資，所以才特地來請教您。」

這位青年，就這樣不停地講著自己的種種事蹟。由於我有必須給他一些回答的責任，所以被他的談話內容勾起興趣之後，就催促著他講下去。他以正經八百的態度說：「我自己，總算也成為財產百萬圓的有錢人。如果以戰前來說的話大概是一萬圓左右吧。不過，以現在來說，這樣已經不算什麼有錢人了，大概算是小康程度吧。這筆錢到現在不但沒能成為老師您講的雪人的核心，反而很快地開始減少，我覺得有些焦慮。因此，我想到老師您這裡來，向您討教今後的做法。」

我有些震懾於他的話，因而覺得，既然他的態度這樣誠懇，自己真的應該殫精竭慮地把祕訣教給他才是。

1 推估為昭和二十五年，西元一九五〇年。

如何賺到兩億圓？

那位青年說，他希望自己一生中能夠累積到兩億圓以上的資產。我馬上回答：「此事簡單……」

今天的兩億，在戰前差不多是一百萬圓左右的金額。像我這樣的駑才，就算只有微薄的月薪，其實在四十歲時，就已經擁有百萬圓以上的資產了。因此，像你這樣的人才；你說你國中第一名畢業嘛，而且還是一個專注於那方面的人，只要運氣好、又努力不懈怠的話，到你四十或五十歲之前，一定能成為一億圓或兩億圓的有錢人。我對他斷言，總之就是安心地照著我講的去實行就對了。

不過，**賺錢不是紙上談兵，而是實際行動。它不是計畫，而是努力。它不是預估，而是結果。要說到有什麼祕訣，最終還是在於最根本的心態問題。**

於是，我決定再次鉅細靡遺地檢視他的一百萬圓。就這樣，我問他問題，他回答我，我再把當今的各種情勢也列入考量，最後我重新提出一套自己構思的新觀念——今後的賺錢投資法。

一時流行的東西很危險

那位青年手邊的一百萬圓，其實已經有二十萬圓很快就虧掉了。至於他是怎麼虧損的，再去探討也沒有意義，總之問題在於，要如何從現有的八十萬圓出發，才能達到兩億圓。我講的，就是具體的財富增值方法。

對此，我大概構思出如下幾個投資策略，並且也附上實行時必要的注意事項。

投資的第一要件，在於安全確實。然而，若只期待百分之百安全，就什麼也不用投資了。因此，必須從「絕對安全」往「相對安全」逼近才行。一定要在這樣的方法下，藉由細心注意與靈活的執行，縮短靠往「相對安全」

的距離才行。

從以前就一直有人說，不要把所有的雞蛋都放在同一個籃子裡。投資也一樣，就算你認為有利可圖、前景可期，只投注於一項事業上，是很危險的。聰明的做法是，要經常在正確的判斷下，分為幾個項目投資，也就是所謂的分散風險。這麼做的話，就算第一個項目失敗，第二個也可能成功；就算第二個項目虧損，第三個也可能補回來。期望十個投資項目全都賺錢是很困難的，應該先做好心理準備，只要關注整體一起計算後能夠賺錢，也就行了。

投資與經營不同，投資家如果只拘泥於一門生意，眼睛只看到一部分，這是虧大錢的做法。可以的話，盡量不要涉入一門生意太深，應該要經常眼觀四面、耳聽八方，在不勉強的情形下多方面投資。

以這個青年而言，我至少贊成他投資在兩個項目上：當舖與理髮店。除此之外，他自己似乎對於投資新成立的自行車競技場格外有興趣。但由於場地濫設的結果，大家競爭激烈，不但利潤減少，經營也混亂起來，最嚴重的問題是最後會碰到高稅金，或是歇業、停業的風險。就風化的角度而言，這種地方也不好。因此，我告訴他，投資於一時流行的事物是很危險的，也極力反對他這麼做。不知道幸或不幸，沒多久我講的事就真的發生了。

以資金引出資金

把八十萬圓以月息百分之四的條件拿去投資，投資標的是前述的兩種項目。每個月會有三萬兩千圓的利息，以及每月償還的本金四萬圓，合計七萬兩千圓。我吩咐他，這些錢，一定要先全數存到銀行戶頭中。

這時，那位青年反問我，經過三、四個月後，銀行存款會變成二、三十萬圓，因此是否該領出來再投資？我回答「不用」。相對的，我建議他，要利用存款增加帶來的信用，向另一家新的銀行貸款。或許有人會問，以較低的利息把自己的錢拿去投資，卻向銀行以每年百分之八到百分之十的利率貸款，這樣不是虧損了嗎？自己的錢畢竟有限，銀行的錢卻必須多於這個水準。就算每年付百分之十的利息給銀行好了，只要同時進行年獲利率百分之四十八的投資，相扣之後，還是可以得到百分之三十八的利潤。

因此，這時候最重要的地方在於，要監督與指導投資對象。只要這一點能夠順利，接下來就像等著從山坡上往下把雪人滾出來而已。只要採取安全確實的做法，慎重而靈活地重複幾十次、幾百次行動，成為兩億圓富翁這種事何其容易。

不過，這只是紙上的計畫而已，計畫與實際還是有許多相左之處。在每次碰到相左之處時，該如何妥善處理、改革、從新的觀點發揮巧思，就要看每個人的不同作為了。能否成功讓金錢增值，畢竟還是與當事人的努力程度有關。

我對青年所講的話，似乎再次回歸到自己的觀點，也就是「人生就要努力」上頭了。

經常關心社會情勢

偶爾會有人問我「成為大富豪的祕訣」，每每都會讓我不知所措。其實，我並不知道什麼「任何人都可以馬上執行、既安全又確實」這種具體的祕訣。尤其，今日的社會情勢是往抑制資本家、盡可能不讓大富豪出現的方向走，也就是一種「不患貧而患不均」的狀況，因此，畢竟會呈現出一種有如以「均貧」、「均愚」為目標的傾向。在這個連自己持有的東西都留不住的艱困時代，要想反其道而行，抱持著立志成為資本家的心態，可說是與時勢背道而馳，坦白講是極難做到的。

要想刻意貫徹這樣的志向，任何人都必須有多人一倍的努力，除了狠狠地工作、狠狠地節儉之外，別無他法。特別是要好好了解時代思潮的動向，各時期的法規制度，尤其要注意事業法規與稅制、勞動法的變化，再臨機應變因應之。而且，凡事都必須行動快速。必須像這樣不落後於動向，還要努力在事業上、生活上小心別樹立嫉妒你的敵人。這是「今後該走的方向」中最重要之處。

不過，任何時代、任何場合都一樣，勤儉儲蓄依然是累積資產的基礎；在投資上多下工夫、多研究，則可以使之成長為數倍。而且，時勢往往會反覆變化，它會以「昨非變成今是，今是又變成明非」的方式變動，因此我們必須巧妙運用這樣的變動，致力於達成更高的成就，不可鬆懈。

對此，我建立了一套勇往直前的鐵則，也推薦給別人——「**在景氣好的樂觀時代，要斷然勤儉儲蓄**」（也就是要注重錢）；「**在景氣不好的悲觀時代，要斷然投資**」（也就是注重物）。

總之，金錢增值的根本在於，適時在「物」與「錢」之間反覆交替，物的投資對象我建議可以選股票、土地、山林、出資於事業等等。這說穿了，等於是早就存在的「財產三分投資法」[2]。

2 以存款、股票、不動產構成資產。

第二部分

我的體驗社會學

第六章

賺錢時・不賺錢時

- 錢是活的
- 不為失敗所困
- 可怕的被害妄想
- 買下一町步八十二錢的山林
- 外行人買賣木炭的失敗故事
- 失敗是人生的必修科目

錢是活的

最近一個朋友在信中告訴我，前滿洲重工業開發公司（簡稱滿業）的社長鮎川義介先生，看了我在《實業之日本》連載的〈我的財產告白〉後，據說深感讚佩，覺得「啊，真是厲害」。

聽到這件事，我自己也感到有些難為情。但〈我的財產告白〉的內容如此貧乏，文中到底有什麼地方，能讓這位堪稱和我呈鮮明對比、豪邁的產業界霸者、眾所周知的鮎川先生覺得讚佩呢？搞不好，有著天才氣質的他，看到了凡人想要積少成多那股執拗的努力，會覺得「哈哈，世上原來還有這種做法呀」，對於發現了這麼一個貽笑大方、別有洞天的世界而竊笑不已。

總之，得知在我的諸多忠實讀者中，又多了一位我非常尊敬的鮎川義介先生，絕對是我最近的一大快事。

面對這次對我有「啊，真是厲害」感覺的鮎川先生，我其實也曾在心裡偷偷覺得「鮎川先生絕對是個厲害的人」而感嘆良久。藉著告白的機會，我再來告白一下。

那是距今十幾年前的事，當時如日出之勢般的日產公司，訂定了在伊豆大島及附近各島開發的大計畫，很快地，我也加入成為調查團的一員。不久，我們前往大島當地視察，但同行者的人數之多，以及行程之極盡豪華，讓以我為首的成員們，都因而驚訝得睜大了眼。我記得，調查團的幹事長是由河合良成君擔任的。不過，即便花的是我們不痛不癢的錢，該公司花錢方式之乾脆，甚至讓我覺得，真是厲害，原來可以花錢如流水到這種地步！所謂的「揮金如土」，講的就是這種狀況。我們的旅程是如何愉快自不待言。

根據我所聽到的消息，預計的調查費似乎是八十萬圓（大概是現在的幾千萬圓吧），這再度讓我大吃一驚。回來後，出於自己天生那種老太婆愛管閒事的心，我透過別人向鮎川先生點出，他花的龐大預算實在浪費，沒想到他給我的回答是：

「原來所謂的學者，氣量這麼狹小啊，這麼一丁點事就吃驚了。既然認為一項事業有前景、決定去做，就得先斷然支出調查費。調查費這種東西，絕不會白費。在一口氣把調查費花下去的那種氣勢下，就算是原本做不到的工作，不知不覺間也能夠做到好。而且，錢這種東西是活的，在氣勢好的時候如果不多用一些，到時候，現在的八十萬圓不久可能會只剩三十萬圓、二十萬圓，或者是連八萬圓都沒得用。錢總是要在氣勢好的時候就先多花一些。」

他語出驚人，讓我嚇了一跳。同時我也覺得很感佩，原來，身為事業家，之所以要洞燭機先，之所以要大手筆花錢，是因為如果沒能做到這種地步，就沒辦法把那一兩件的重要工作做好。

日產的大島開發計畫，後來因為時局的轉變而沒了下文。不過，不久日產就換了個招牌「滿業」，轟轟烈烈地前往中國。就這樣，鮎川先生在那兒以類似的想法規畫出各種事業。對於某公益財團等單位，他捐贈了一大筆錢，但也開出前所未聞的條件，「必須在幾年之內把所有金額都用光」。難道，他那雙神一般的慧眼，早已看穿了日後會有大變動以及通貨膨脹到來？我不禁再次咋舌讚嘆。

不為失敗所困

無論是一向貫徹這種天才新觀點、新想法的鮎川先生，或與他反其道而行小心翼翼的我，戰後大變革所掀起的巨浪一視同仁，向我們來襲。於是，我們同樣失去了所有能夠失去的東西，眼看著所有能遭破壞的東西都遭破壞。我們彼此，都覺得相當感慨。

古往今來，面對這世界滄海桑田的變化，管你是天才還是凡人，管你是大事業家或小儲蓄家，面對必然到來的打擊，似乎都沒有大小輕重的差別。世界一動，自己也會動；自古以來，從來沒聽過有什麼必勝的招數，可以讓我們在世界風雲變色時，還能夠維持不動如山。

在此，除了感嘆「時勢比人強」，我也想起「人生浮沉不定」這句老話。

另外還有人看了〈我的財產告白〉，最近F市的一位青年就突然來找我，對我說：「老師，我該怎麼辦才好？」想找我商量。

聽了他的話，我得知這位青年在戰後於外縣市的某個都市，賺到不少錢。不過，由於漸漸不景氣，他除了愈賺愈少外，還上了某個惡質往來對象的當，被騙了二十萬圓。他說，這導致他憤恨難消，每天都無心工作。

於是我問他，那二十萬圓對他的重要性如何？他回說，並不是太嚴重，他手邊還留有相當的資金。於是，我重新點出他的問題。

「所以，你是打算為了已經失去的二十萬圓，再失去剩下的幾十萬圓嗎？被騙就被騙，那是因為你自己有疏忽之處，因為你不成熟。如果因為一心只想把不可能拿回來的錢給全拿回來，就焦慮地丟著其他事不管，這不是比送更多錢給小偷還要愚蠢嗎？當然，如果你想懲罰這種缺德的人，讓他們無法再去戕害別人，你還是可以在那方面採取該有的手段；但如果你能夠乾脆脆地捨棄討回失去的錢那種妄執，致力把未完的工作做好，不是很好嗎？二十萬圓的損失固然沉痛，但只因為這樣的沉痛，就自暴自棄、固執起來，或是在你今後的想法裡，變成以乖張的心態來看待世界的話，是不行的。那樣的話，會導致真正的一敗塗地。看起來，你還很年輕。只要把這次的慘痛教訓當成是實地上一堂社會學課程的學費就好了。在F市擔任事業家的你，未來將會就此底定。有道是『不要追逐落土的花朵，要等待將出的明月』，千萬不要被已經過去的失敗綁住。」

於是，那位青年露出了與前來時截然不同的開朗表情，回去了。

可怕的被害妄想

曾經一度在什麼事情上失敗過的人，或是相反地，獲得某種程度的成功，就安於小成的人，經常會自行陷入某種被害妄想之中。這是他妄想「別人全都是自己的敵人，虎視耽耽地準備要害自己」的結果；失敗者是出於太過悲觀，有小成者則是出於太過自我防衛，才會分別在無預期下陷入同樣的問題中。嚴重的話，甚至可能發展為被害妄想症這種精神病。

當失敗的原因不在於自己時更是如此，像是因為時勢的變化或別人的不道德而受到重創等狀況，這種人很容易會擅自斷定，時運全部不利於我，世界上每個人都好像是忘恩、背德、詐欺、騙子、背叛者一樣，自己因而受到傷害，或是即將受到更嚴重的傷害等等。我經常看到許多肚量狹小的首次失敗者，都屬於這種人。這樣的一群人會擅自感到悲觀、絕望、誇大其辭地宣傳自己的不幸，到最後還拚了命希望別人也和他有相同的看法。如果別人不同情以待，他又會變得真正悲觀起來，覺得世人真的就是這樣，全都不親切、全都很冷淡。

受困於這種妄想的人應該要有所自覺，得知道這個世界絕非只為了自己一人而轉動，而必須手牽著手，你幫我、我幫你；要擺開一切的妄執，投注更多熱情在自己目前的工作，以及今後的工作中。唯有如此，才可能繼續做好自己的工作，逐步挽回至今的失敗。尤其是被害妄想者，唯此法可解救。

總之，要把事情做好，重要的是專注埋首其中。不過，熱情固然很好，如果太過於執著，就容易陷入判斷力遲鈍、思考偏頗的嚴重妄想中，工作效率也會大幅降低。因此我建議各位，一完成一項工作，無論結果如何，要先把它忘得乾乾淨淨，或者至少要轉換一下心情來忘記它。

至於用什麼方法轉換心情為宜？由於每個人有不同的性格、際遇、興趣、教養，因此不能一概而論；不過，我衷心希望，它可以具有解除疲勞的效果、不會在精神上感到痛苦，也不是反社會的東西，而且，最好能或多或少有助於正職工作。

人生浮浮沉沉，這正是上天給我們的一種轉換心情的機會。一個人能否老實地、巧妙地接受它，是成功與否的分水嶺。遺憾的是，許多還很年輕、還有未來的人，別說是浮浮沉沉了，才沉下去一次，就失去了再浮上來的勇氣。

我的過去，也曾浮浮沉沉過。一講到事業的話題，堪稱我最擅長的山林相關的工作，也存在著各種進行得很順利或不順利的故事。以下我想來介紹其中兩、三個故事。

買下一町步八十二錢的山林

單獨供應大東京飲用水的多摩川上游的水源森林，目前是公認的好地方；但在以前，它差點因為濫伐與燒田而一片荒蕪。土砂流失、水源枯竭。而且，只要下一點雨就淹水。我實在看不下去，在明治三十年時建議當局要維護保護它。

不過，當時的東京市長松田秀雄說：「很感謝你的意見，但我們畢竟沒有經費……」就逃掉了。不得已之下，我去找當時的東京府知事談這件事。不愧是長著兩撇天神鬍，有如出雲天神般的千家尊福[1]先生，他很快就進入狀況。

「哎呀，真感謝你的忠告。這本來是東京市該做的事，但市府沒有財源的話，就必須由監督它的東京府來管理了。那麼，就請你火速調查吧？」

「這樣子很困擾。我並不是因為自己想做這件事才來找你談的。而且，我也沒有管理水源森林的知識。」

「別這麼說嘛，好啦好啦。」

在這樣的緣由下，我終究還是接下了對方委託的重責大任。於是在明治三十三年，我以「東京府森林特聘調查員」的身份，在大學的正職之外，持續做著這件工作。

後來，實際推動各種調查後發現，必須把日原川上游的民有森林一帶達

1 千家尊福是明治大正時期的政治家，出雲國（島根縣）出身；天神鬍則是指像學問之神菅原道真那樣，是長在嘴巴左右兩側往下垂的兩撇鬍子。

數千町步的範圍先列為保護林，因為那裡有一再遭到濫伐的可能性；與此同時，主流道的御料林[2]，恐怕也必須列入其中。因此，我趕緊向當時的皇室林野局局長岩村通俊先生徵詢。我說，為了大東京的百年計畫，希望能夠讓出御料林的一部分，接著還必須大肆收購民有森林，也徵求他的贊同。局長認為這事情很好，既然要做大事，也答應盡可能提供方便。

我隨即進入具體交涉的階段，進一步提出要求道：「屬於水源地的御料林，以我自己目測的結果，應該要比土地測量簿所記錄的多，但因為事情刻不容緩，而且實際測量需要很長的時間，如果是政府機構間的讓渡，就不會有問題了，請務必照著土地測量簿趕快完成交易。」

其實，我完全沒有去想，這片御料林的單價是多少，整體又是多少，也沒有想過，東京府會不會願意一次出這麼多錢。我只想到，只要需要，只要有利，無論什麼事，都要馬上處理掉。

那時候，當地的山林單價是，每町步土地的樹木以十圓十三錢計。土地測量簿的面積寫著六百六十九町三反五畝，因此總計是六千七百八十一圓。我立即回到東京府，召集了府參事會議，馬上獲得了認可。

隔天，我到林野局的局長室去，岩村先生帶著極其困擾的表情說：「今天早上，我請相關人員調查的結果是，實際面積似乎如你所言，比土地測量簿的要多。而且還是幾倍以上，所以有些困擾。如果要讓渡，怎麼講都得要照實際測量面積才行。」

他這樣提議後，我出於年輕人的頑固，對此感到很火大。而且，就結果來說，我的火大似乎是好事。

「你應該還記得，自己昨天不是說，用土地測量簿上的面積計算就好了嗎？」

「但是因為實在差太多了，我的部屬說這樣子很困擾……」

---

2 明治憲法下，屬於皇室財產的森林。

我逼問他：「男人和男人間口頭約定好的事，事到如今再改變也不好吧。出身卑微的人尚且如此，更何況你我是以局長和知事代理的身份講好的。我相信了你的話，昨晚已經召開府參事會議，在正式的決議下，今天正式以知事代理的身份前來這裡。你這樣是要我切腹自殺嗎？」

局長臉色一變，沉默了一陣子。不久他拍了一下膝蓋道：「好吧，這樣子我知道了。就照口頭的約定實行吧。」

不顧部屬的反對，他隨即準備了正式文件，蓋了章。原本我真的緊張得想要切腹，這下子可完全復活過來了。那時候政府機關的作業其實很簡單，而且都能當到局長了，他的肚量也很大。

我不知道現在東京都的資料中是怎麼記載的，但承接水源森林的真相就是這樣。或許聽起來又像是我在誇耀自己的功勞吧，後來實際測量那片問題山林時，面積達八千兩百多町步，而且我們只花了六千七百圓買下，等於是每町步不到八十二錢，就連我自己也覺得有些訝異。這是我這輩子賺最大的工作（只不過賺的人是東京府）。而這次的交涉給我的一大教訓是「要老老實實地生氣」，因為如果時機與場合得宜，將會帶來意想不到的好結果。

外行人買賣木炭的失敗故事

買入多摩水源森林，是血氣方剛下的俐落行動，因此接受事務委託的我，幸而以大成功收場。不過，它的管理，就讓我嘗到不為人知的辛苦了。因此，雖然表面上看不出來，背後其實伴隨著很大的失敗。至今我講的事情，如果讓各位讀者誤以為山林事業只賺不賠的話，那可就不好了，請容我在此簡略交待其來龍去脈。

東京府承接御料林後，我公開接下東京府水源森林管理監督的任職命令，於明治三十四年起，負責所有監督指導的責任。由於人事的安排與造林管理的煞費苦心牽涉到一些專業事項，因此姑且不提，不過為了處理雜木而開始於明治三十八年的木炭製造事業，就極其棘手了。那些預付了旅費雇用的燒製木炭小工，不是說雪太深無法工作而跑掉，就是超支借了錢後，就捲款潛逃。不但在防止類似情事上極其麻煩，就連好不容易運到東京的那十萬草袋的木炭要賣給誰，也很困擾。後來決定賣給東京市、東京府、內務省等單位，原本以為暫時可以心安，卻又因為沒送禮物給這些單位的工友，他們就挑毛病說木炭會爆炭、會燻人，而拒絕接受。委託木炭批發商，又碰到不付款項的店家。在鹽山（甲州）的堆放場，堆在下方的木炭，開始有悶到腐壞的情形，光是重新裝袋就花了預算以外的開支；還有，在新宿車站也因為超過時間而遭徵收倉儲費。唉，諸如此類的事，回想起來都讓人好狼狽。

就這樣，公務員做的外行買賣雖然難搞至極，好歹還是在十年左右的時間裡，在利用、造林、管理三方面建立起確切的方針，暫時可以安心了。但這時卻又發生移交府市管理的問題，這次讓人困擾的是製炭工的「代墊款」如何處理的問題。

原本按照政府機關的會計原則，如果沒有燒製木炭，理論上不能支付他們燒製的薪資。但實際上，燒製木炭的小工沒有錢，凡事都必須先幫他們墊錢才行。尤其是在築窯期間，或是小工本人或家人生病等狀況下，或多或少都會出借米、味噌、醬油等物資給他們。這就是俗稱的「代墊款」。在償還方面，是以出售米、味噌預計可以獲得的利潤漸漸抵消。當時的狀況是，這種「代墊款」漸漸在減少當中，只要再兩三年就可以完全銷帳了。誰知道，這時候突然變成要移交給府市管理，違反會計原則的虧損，說什麼都得公開出來。這筆錢在當時來說相當可觀，是七千又五圓十錢。如果這筆錢不付清，自營林署以下的官員都難逃處分，這些還有未來的年輕人，勢必受到挫折。雖然負責直接監督之職的我，原本在法規上並無責任，但於情我也相當不忍，因此最後我決定把所有責任扛下來，找父親與妻子商量。父親一聽，斥責我道：「這十多年來你費盡苦心，不但沒有回報，還得付這麼大一筆錢，唉，真是無可救藥！」

不過，在我表達這是為了部屬而犧牲的心意之後，他最終還是諒解我了。我也說：「失敗是因為我自己的不夠成熟與失德。不過，在這其中我也首度學到了造林及林業管理的實務，因此只要當成學習實務學問的學費，就很便宜了。」

獲得父親的諒解後，我就退下了。

我趕緊把這事告訴當時的署長（菊地）與技師長（中川），他們兩人也大為感激，說他們也要把東京府做為解職津貼發放的一千六百多圓（菊地）與一百二十圓（中川）全部提供出來。還有，鹽山町一位之前代為匯寄生活津貼的風間久高先生聽聞這些事情，也說他願意放棄掉四百六十多圓的債權。因此，最後我拿出不夠的四千八百三十七圓九十六錢，順利確保署長以下的人平安無事。

當時是明治四十五年三月。

失敗是人生的必修科目

總之，這個世界上，不會凡事都順利。有時候你會因為偶然的一點努力而大獲成功，有時候你小心翼翼、長年苦心持續下來的事情，最後卻以失敗告終。賺大錢或是虧大錢也一樣，總之，只要能做的你都做了，無論結果如何，就沒有必要一直懊惱下去。問題在於，能否把它當成「好經驗」，活用到日後的工作中。

就像東京府森林的「代墊款」問題也是，對於我這種受薪階級而言，自掏腰包把那四千八百圓付掉，實在很心痛。那是一筆近似今天幾百萬圓金額的大錢，如果我之前沒有做好勤儉儲蓄的準備，可能會完全無力解決吧。不光是我，一生中許多協助過我的、很有未來性的人，他們的生涯，也可能會同時受到影響。不過，還好我累積了足夠的力量，可以擺脫這次的失敗。而且只要把這當成是在接受東京府委託調查這十二年以來，實際學到許多事情的學費，也就釋懷了。再者，我的心裡也浮現一股自覺與勇氣：既然我都付了這麼高額的學費，今後可得要學更多東西才行。

後來一直到今天為止，除了東京府森林外，我參與了德川、戶田、西鄉、松方、澀澤等各家的大森林或大農場的開發指導工作，也幸而在沒出大錯之下完成了自己的任務。我深信，這完全是這個時代的艱苦經驗給我的恩賜。除此之外，由於這是「體驗社會學」裡的一章，我想告訴各位這樣的話：「不要誇稱你沒失敗過，因為你的前途必有危險。不要因為失敗難過，失敗為成功之母。只要能由禍轉福，你的前途必定能夠平穩向上。」

「失敗」是社會大學的必修科目。我認為，沒有修過這門重要課程，就無法真正成功（畢業）。自豪沒有失敗經驗的人，就像是自豪於「我沒修過必修科目」一樣，完全沒有意義。因此，如果我要找人一起規畫事業、展開工作的話，我會先問清楚那個朋友至今碰過什麼樣的失敗。如果他一次也沒失敗過，那就和經常反覆在失敗的人是一樣的，恐怕得多加提防。

一個人能否活用失敗的教訓，對他來說會是一大試金石；如果才一兩次的失敗，就完全喪失鬥志，凡事都講出「這好累人」、「這好棘手」、「這好辛苦」、「這好麻煩」、「沒辦法做到」這類示弱言辭的話，那就完了。就連鮎川先生那樣的事業天才也一樣，他有得意的時代，也有失意的時代。更別說是戰後初出茅蘆的年輕人了，只不過是稍微度過了一段天翻地覆的時代，就說自己感動於什麼成功失敗，實在可笑萬分。這些人所做的事，只不過是區區的「研習班」而已。

第七章

賺到錢的人・讓人家賺到錢的人

● 小富翁們的命運
● 要賺錢，就要讓人家也賺錢
● 道理、人情，結合兩者是靠信義
● 義理與人情・論語與算盤
● 要走介於君子與小人之間的路
● 過分老實與做生意的玄妙之處

小富翁們的命運

大約是四十年前的事了。現在賭馬似乎比以前還流行，那時候，有一個我認識的學生跑去賭馬（目黑賽馬場），結果中了一千圓大獎。在一個月只以六圓學費過活的那個年代，他中了一千圓。一開始，他的手抖到收不下那筆錢，但花錢花慣了之後，他的氣魄也大起來了，很快地他就放蕩起來，三個月後一切成了泡影，他又變回原本的狀態。就這樣，他留下的只有惡性花柳病以及懶惰的習慣而已，最後，他連學業都拋下了，行蹤不明，後來我就沒有再聽過他的消息了。

我之所以把這種往事拿出來講，絕不是為了要年輕人別去碰當今正流行的賭馬或自行車競技。但如果沉迷於這樣的東西，可就另當別論。

我想講的是，事實上，在戰後混亂的通貨膨脹，以及忙亂的變動中，全國各處有大大小小的新日圓[1]暴發戶成群出現，其中絕大部分，應該都走上了與那個學生同樣的道路吧。

我們不能小看賺錢這件事。真正的賺錢，除了緩緩地、踏實地、不焦急、不休止地堅守自己的正職本業、累積努力之外，並無其他的好計謀、好方法存在。因此，迅速成功的人，也會迅速失敗。落魄後，剩下的只有壞品德與壞習慣，有時還有一些還不起的債款而已吧。戰後，不知有多少人因為這種暴發戶式的致富，而貽害了自己、傷害了家庭。

在此，我所贊成的賺錢，絕不是意義那麼狹隘的東西。我指的是更為永

1　一九四六年，第二次世界大戰後，日本政府為解決通貨膨脹而新發行的貨幣之俗稱。舊日圓也隨之停止流通。

續性的、更有道德的、更有社會意義的成功。所謂的「賺」，講的不單單是金錢方面的而已，而是在道德上、教養上、生活上、社會貢獻上，也都大有所獲。之前我也多次提到，錢是工作與趣的渣滓。但它一樣不過只是精神上、生活上、社會地位與名譽上有所獲得之餘的渣滓而已。

要賺錢，就要讓人家也賺錢

無論什麼時代，人生都有檯面上與檯面下兩種的生活。就算你希望自己只站在檯面上，但有時候，別人走到檯面下時，你也非得要跟到檯面下不可。也就是說，很多事情都是理論歸理論、實際歸實際。因此，光靠著檯面上或是理論過活是行不通的，但只想躲在檯面下靠技巧過活，也一樣容易失敗。

話鋒跳到這裡可能有點快，不過，世俗所謂的「賺錢」，也不出這樣的例子。光靠理論無法賺錢，光靠人情也無法賺錢。只有在這兩者恰到好處地兼容並蓄之下，才能經常開拓出新的賺錢之道。鮎川先生說「凡事都得先斷然支出調查費」的真正目的，或許正在於「自己想賺錢，就要讓人家也賺錢」這種情理並存之處也說不定。我必須說，他不愧是個具有天才般慧眼的人。

在這個世界上，我們會看到一種人：己所不欲，施於人；己所欲，不施於人；自己能賺就多賺，但是一文錢也不讓別人多賺。這種人，似乎很少能夠大有所成。德（得）不孤，必有鄰，賺錢也是一樣，一定要彼此幫助才行。想要賺錢的人，就要讓別人也賺錢；只要讓別人賺錢，自己也自然而然會賺錢，就是這樣的狀況。

而且我認為，合作賺錢的同志，在檯面上要相互並存、檯面下也要彼此相繫；從義理與人情到勤勉與努力，雙方之間一定得在各方面都相知相通才行。

總之，無論任何事，不能有「想要獨自得利」或是「只有自己當好人」之類的想法。自己所得到的，固然大部分是來自於自己的努力，但也不能忘了，也有來自於自己的夥伴，以及社會、時勢之處。因此，想要獨占所有收穫的想法，原本就大錯特錯。這樣子，太過小家子氣了。無論什麼場合，凡事都不該獨占功勞，應該也讓一些給努力的人，站在「自己賺錢時，也一定讓別人賺錢」的位置上。而且，只要重複這樣的事，最後周遭的人們也會反過來幫你，你就能夠成為「成功者中的成功者」了。

道理、人情，結合兩者是靠信義

我發現，同鄉的前輩澀澤榮一老先生，就屬這種情理兼具的大成功家。

澀澤先生這個人，是個極度注重道理的人，只要是沒有道理的事，他說什麼都不會接受。無論在事業上、捐贈上、或是提供諮詢時，只要他看不到其中的合理性，他絲毫不會理你。而且，他會這樣，似乎是來自於儒教式的一種近乎頑固的理性主義。

然而，一旦他答應了你，他就會凡事都親力親為，持續好好照顧你。即便其中或多或少出現不合理之處，或是發生沒有道理之事，這時的他會一反常態，堅持人情下去，親切地給予指導到最後為止。始於理，終於情，真是少見的存在。

我首度接近澀澤先生，是在我決定要為埼玉縣的學生籌措育英資金的時候，那時我剛從德國回來不久。由於是同鄉，我從以前就或多或少知道他的為人，因此我覺得在諸多前輩中，非得先說服這個人才行，就在秩父水泥的社長諸井貫一先生的尊翁諸井垣平先生介紹下，不請自去。

當時，澀澤先生住在深川，他人很忙，到夜裡都還有事要辦，我心想反正他會很晚回來，就在晚上從駒場走三里的路過去，在玄關旁的學僕房間等到十一點。然而，果真晚歸的澀澤先生說，今天已經很晚了，要我回去。於是我用奇怪的藉口硬纏著他，我說：「雖然時間已晚，但你已經回到你家了，我卻必須再走三里的路回去才行。時間太晚，我比你還要困擾。」最後，我終於努力讓他願意姑且聽我一講。

一旦答應了要聽我說，澀澤先生就變得很熱情了。雖然夜已深，家人很擔心，我還是一個接一個承受著他對我的反詰。由於我自己也認為此時是決定勝負的緊要關頭，就喋喋不休地講下去，因此，兩人的會談竟談到了大半夜。那時，澀澤先生說：「你講的宗旨很不錯，但日本的國情還沒到那個層次。富豪、企業家也尚未覺醒。未來這樣的時期應該會到來，但目前尚言之過早。再說，你這個四處奔走的發起人，自己是打算出多少？」

他一開始先頑強地潑我冷水，講到最後，還帶了點嘲笑的口吻。我原本就一直大冒冷汗，害怕他會問這個問題，但還是下定決心率直地說：「實在太難為情，我自己不太好啟齒。不過，我從存起來的薪水中，準備了這筆錢。」

說著，我從布腰帶裡拿出收得好好的三百圓。原本以為澀澤先生會輕蔑以對，沒想到他的表情馬上正經起來。

「呵呵，你出三百圓呀。你這個學校教師要出這樣嗎？既然你這麼熱情，我倒也不是不能幫你。不過，十二萬圓的預算畢竟還是太勉強，如果你設定為一半的六萬圓的話，或許我可以設法協助。」

於是，我決定聽從他的意見把預算減半，他馬上在捐款簿上寫下十分之一的金額，六千圓。就這樣，我得意洋洋地走了三里的夜路回去。

後來，由於諸井先生的斡旋，我又再次把預算調回原本的十二萬圓來募款時，澀澤先生乾脆地又出了剩下的六千圓（合計一萬兩千圓）。而且，澀澤先生一旦應允提供支援，就會一直關照這個活動，甚至變得比我還要熱心。現在牛込高台上所留著的宏偉學生宿舍，就是由他打下基礎的。

道理是道理，人情是人情，能夠把二者結合起來的，我認為畢竟還是在於要貫徹信義。我也相信，澀澤先生之所以能大有所成，就是因為這個緣故。

義理與人情・論語與算盤

「論語與算盤」——這是澀澤先生無論走到哪裡，都經常會展現的事業繁盛之道與處世的訣竅。不過，一個以「利」字立足的企業家，卻也能夠接受「理」與「情」的指引，自己努力予以實踐，實在值得敬佩。

澀澤先生經常說：「事業這種東西，一定要賺錢才能成立。如果不賺錢，只是有意義而已的話，最後還是會因為無法長久，而讓難得有意義的事情變得不再有意義。賺錢之後如果有意義，那更好，不過先決問題還是在於事業能否先賺錢。然而，如果暗中圖謀自己獨占利潤，最後將會失敗。要賺，就一定要大家一起賺。若不是人人都能賺，就成不了好事業、好企業。」

由於從事所謂的「金融界斡旋業」[2]，澀澤先生參與了各式各樣的事業企畫。有一些是他自發性發起的，有一些是別人推舉他參加的。不過，對於每一個案子，一旦建立起關係，他都會好好協助到最後。其中有以空前成功收場的，也有以失敗結尾的。然而，澀澤先生總是誠心誠意，不惜提供協助，從不會半途抽身不負責任，也正是因為這樣他才擁有那樣的地位與聲望。如果他真的想自己賺大錢的話，這種機會要多少有多少，他卻絲毫不去利用。只要相關人士認為是有利可圖的公司，身為發起人的澀澤先生的持股，都會不知不覺被大家分光。這總讓人覺得不是很好，結果出乎意料，澀澤先生手上還留有很多持股。

2 日清戰爭（甲午戰爭）之後，日本資本主義進入發展期，「金融界斡旋」的工作就是藉由金融資本把山頭林立的企業群整合起來，或是協助一些經營陷入困難的企業上軌道或合併。

澀澤先生總是笑著說：「一家公司的股票如果到了大家搶著要的地步，對公司來說是好事。我少賺多少，別人就多賺多少。無論誰賺，對事業或公司而言，都是功德。」

據我所知，在當時稱得上是大企業家的人當中，很多人對於這種權利股的處理，都很有技巧；服部金太郎、大橋新太郎等先生，對這類因為職務而持有的股票，都是很明快地處理掉。

講到這裡，澀澤先生的做法近乎於「過分老實」。而且，堅持要「過分老實」的澀澤先生身上，在利這方面失去的部分，在德的部分得到了很好的補償，使得他居於財界大老的地位，一直到最後，都得以集社會的尊敬於一身。當然，澀澤先生或許不該與凡人拿來相提並論，但如果把「過分老實」堅持到成為一種美德的地步，最後反倒可以既讓自己賺到，也讓別人賺到。只不過，一般人如果因為「過分老實」而吃了虧，下次馬上就會有迅速變成「過分不老實」之類的事情發生，那樣子的話，可就沒辦法了。

承蒙澀澤老先生看得起我，也教了我很多事，但我也給過他各種事業上的建議。總而言之，澀澤先生是依理行動、依情裁定事情，自己主動索討的東西又很少，因此到最後我們都還保持很好的互信，得以一起推動各種事業（主要是社會公益事業）。

要走介於君子與小人之間的路

「君子喻於義，小人喻於利」。這是《論語．里仁篇》裡很有名的一句話，但光懂義的話，我們無法生存；光看利的話，也無法處世。因此，我們一般人，要走君子與小人之間的路，既要懂得義，也非得了解利才行。

既得要當君子，也得要當小人，極其困難的就是這個部分。澀澤老先生提倡的「論語與算盤」，其實針對的就是這個部分的事情，當個經濟界的人也不容易。之前，也有人從位於鄰縣的都市來找我做「人生諮商」。他是個三十歲上下的青年，距離孔夫子所謂的「不惑之年」還很久，所以他才會前來向我提出商業上的疑問。

他的問題是這樣的：「在我們那裡（東海地區某市）我是個有點知名度的事業家。由於我累積了一點財力，有人來找我，提出各種生意合作的邀約。由於我住的城鎮裡沒有時髦的現代理髮店，只要我出三十萬圓，就可以在目貫通那裡開一家，這聽來有些意思。投資利息是每月百分之五，而且視狀況還可以讓我來當經營者。他說，他要帶著技術來當我的員工。」

聽到這番話，我覺得每個月百分之五利息，每年百分之六十利息太高了。雖然有一種俗稱「月一」（每個月一成利息）的方式，甚至也聽過還有再多收一倍的方式，但那是高利貸，並非正經在做生意。而且，另一方面，就算自己當經營者再怎麼有利，一個完全的外行人，還是沒辦法當理髮店的老闆。而且，對方這種不當老闆、躲在背後的資本家經營者，不可能發展得順利。

因此，我以這番話回答他，也逐步說明給他聽：「是時候了，既然你已經獲得認同到那種地步，就不能夠只想要為自己賺錢。理髮店的經營也是，如果計畫是由業界的人訂定，並收他每月百分之五利息的話，不如算他便宜一點，降到每個月收百分之三利息，然後你只要出資就好。原本可以收一萬五千圓，現在只收九千圓，多讓那位經營者賺六千圓。雖然不是全部都讓他賺，但那些錢他還是可以拿來提升服務水準、用於償債，或是納入用於償還本金的存款也行。

也就是說，不要只有你一個人賺到自己能賺的極限，也要分享給對方，以及回饋給顧客。這樣的話，生意既可興隆，經營者也會有幹勁。而且，其中還有你把利率從百分之五降到百分之三的情義在，每個月該入帳的錢，他也會準時入帳吧。反倒是一開始就把店面與設備都安排在自己名下，或許會比勉強要求利率，或是自己經營，要安全而有利得多。

對企業家而言，一次從同一來源取得太多利潤畢竟不好，必須一點一點，廣泛、安全而確實地賺取。那樣的話，你不也可以成為FM市的澀澤先生嗎？」

就這樣，我現學現賣了澀澤先生的一點東西，融入自己的體驗社會學中。他馬上說，「啊，可以成為FM的澀澤先生是嗎？哇，那我就暫且嘗試看看吧」，然後他漲紅著臉，帶著興奮的表情回去了。

如果事業的開展與投資是出於利己本位，一定會慢慢與相關人士之間產生利害衝突，最後導致失敗。孔子在《論語》中也說：「放於利而行，多怨。」這看來像是政治家應引以為戒的一句話，其實做生意與處世，又何嘗不是如此呢？

過分老實與做生意的玄妙之處

沒想到，講著講著，我竟然在澀澤先生的「老實」前面還加上了「過分」二字。不過，正因為他是澀澤先生，才有辦法靠著「過分老實」而更顯了不起。但我們小生意人如果凡事都「過分老實」的話，可是會無法過活的。先前，在一家我常去的電器行，我才剛剛講輸人家一次。

一切緣自於我講了這樣的怨言：「你們賣收音機的也真是的，為什麼我來送修，都沒辦法馬上幫我修好呢？真是困擾。」

「老師，您雖然說凡事都要老實，不過，多少還是需要修正一下。如果我們在拿東西來送修的客人面前說『好，沒問題』就馬上修好的話，那就做不了生意了。尤其是賣收音機之類的店家，很多時候，只要動一個螺絲就馬上修好，或是換一條銅線就馬上有聲音了。這種事，如果在客人面前做，連一分鐘都不用。客人會開心問這樣多少錢，但由於太過輕而易舉，尤其又是熟客的話，我們不自覺就會說出，沒關係，下次再算就行了。

所以，老經驗的電器行會稍微打開一下蓋子，告訴客人，噢，這不是什麼大問題，不過，看起來大概是哪裡哪裡壞了，所以要暫時放在我這裡幾天修理一下。這麼做的話，既可以理直氣壯收維修費，店頭也會比較熱鬧，看起來好像生意興隆、市況很好一樣。不過，我們可沒有多收什麼不該收的費用啊！能夠拿來充當房租、薪資或是繳稅金，就已經很感謝了。

不過，老師您可能會罵我們『應該更老實一點，當場就把東西修好比較好，因為那樣可以讓人家知道自己很老實，維修費少收也會成為賣點，最後反而可以生意興旺』。只是，我們這麼做是因為凡事都以生意為先，畢竟這年頭就算堅持當個正人君子，也沒辦法養家活口。生意人多少還是必須在老實之外再做一些調整才行。請老師也把這方面的事告訴大家吧。」

聽到這些，我完全沒有反駁的餘地。原來如此，真正的做生意，就是這個樣子啊。我感到很佩服。凡事多少都需要一點調整——努力再加上在處世技巧上多花心思。這麼講的話，我也就很能夠了解了。

如前所述，這個世界上到處都可以分成檯面上與檯面下，並非凡事都一個勁地從正面硬幹到底就是好的。要想攻下一座城，一定會有從正面進攻與從後方進攻兩種方式。社會如此複雜，我們不能太貿然做出結論，不知變通地一直前進。做生意之類的人，尤有必要研究買賣技巧。

沒有錯，「做生意誠為上策」，但另一件事也很重要：因為時間與地點的不同，所謂的「老實」，似乎也有必須適度修正的時候。杓子略彎的話就沒辦法舀東西，研缽太過筆直的話，也會愈磨愈短。老實如果超過了一個限度，到了前面要加上「過分」二字的程度的話，會變成一直吃虧下去，而無法再翻身了。我們的周遭，也看得到很多這種例子。

即便如此，各位讀者絕不能有錯誤的認知。雖然略有修正，「老實」到頭來還是「老實」，絕不會有變成「不老實」的一天。

第八章

人的上班族訓

- 人與人之間的問題很複雜
- 那傢伙很臭屁？
- 應顧及同事間的想法
- 高明的吵架方式
- 全盤托出的話就理解了
- 自我反省的好機會
- 過多的謙虛沒必要
- 擔心工作也沒用

人與人之間的問題很複雜

世上最常見的、最受關注的問題，固然是賺錢的問題，但要說它相對單純的話，它是真的單純，多半狀況下可以用「施與受」（give and take）帶過去。但是，一旦涉及人與人間的問題，就不是這樣了。它是很讓人心煩的，一些小事也會變得極其複雜。

看到政治界的一些紛爭，看到企業界的一些紛爭，看到學界、藝術界等領域的一些紛爭，這些事情，如果試著去追究其真相，會出乎意料找不到本質性的問題點，很多都是因為人與人之間情感上的糾葛，才漸漸產生的。同樣的，任何工作場合都一樣，經常容易發生「人與人」之間的問題，十個人會以十個人的規模發生，一百人會以一百人的規模發生。因此，所謂的「上班族教戰守則」，絕大部分講的都是一些在主動妥善處理人與人間的煩心問題時，所需要的自我約束與要領。雖然有些難為情，在此我試著以自己在大學任教的體驗為中心，稍微談一點「受薪工作者心得筆記」。

不過，大學這種地方，是有點特殊的上班環境，對一般上班族而言，或許有些地方和他們以前的體驗不太一樣。但畢竟不論什麼樣的工作場所，都容易因為人與人間的利害關係或情感瑣事，而發生同樣的麻煩問題，因此千萬別把它當成是發生在與世隔絕的「象牙塔」之事，就略過不看。

這個世界到哪裡都是大同小異的，只要是人類聚集、居住的地方，就一定會發生人的問題。從這個角度來看，我的體驗社會學雖然貧乏，或許還是能適用在各位的世界裡，成為各位的處世訓言吧。

那傢伙很臭屁？

先前在本書「財產告白」的部分，我已經略為提及，自己捐出一千圓做為學士會的捐款，但並不是因為捐得太少，而是捐得太多，不適於我的身份，同事們甚至因而勸我辭職的事件。那是我三十九歲那年的秋天，也是日俄戰爭爆發那年的事。

如果試著針對這件事再多深入探討一點，它並非單純捐款金額多寡的問題。對於我工作環境的同事們而言，這種意想不到的事，恐怕刺激了他們的情感，埋下了怒火的種子，最後甚至形成了勸我辭職的理由。對彼此來說，這都是反省自己的好素材。那時我才被迫發現這事實：為使很多人聚集在一起工作時能夠順利，每個人必須連這樣的瑣碎小事都去留意。

也就是說，我如果自以為完全沒錯（而且就算事實上我也真的沒錯），就用過於有把握的態度太過蠻幹的話，還是容易招致周遭人的反感。如果大家已經以「那傢伙很臭屁呢」來講一個人的話，就某種角度來說，可以看成那個人已經具有某種才能了。不過，如果太過得意忘形，將會碰上嚴重的失敗。

當時的我也是，似乎雙腳已經踏入那個危險地帶裡了。

「本多那傢伙真是豈有此理，把他趕出這個大學！」

如前所述，那時候，在這樣的意見下，帶著勸我辭職的決議文到我研究室來的，是橫井時敬先生，與相當於他手下的長岡宗好先生二人。他們兩人是系裡面眾所周知的愛雄辯、好爭吵的強者組合。

對此，連我自己也感到錯愕，不過事後想想，他們其實是前來勸戒我太過傲慢的恩人，我真的應該感謝他們。

應顧及同事間的想法

總之，他們兩人帶來的辭職勸告書中要表達的主張，一共列了好幾個項目，粗略整理起來就像下面這樣：

「……你成了一個與學校老師不相襯的大富翁，分到最氣派的校長宿舍、每天持續舉辦奢華的大宴會，而我們教職員就算不吃不喝把月薪全都存下來，也不可能變得了那樣的有錢人。一直有傳聞說，你是靠什麼不好的投機方式賺到錢的。你靠投機賺錢或虧錢，固然不是問題，但這種污穢的投機者之流，如果要進出我們神聖的大學宿舍，可就無法置之不理了。」

「……而且，你還在宿舍門牌的地方花俏地掛上橫寫的字眼，老是只和外國人往來。而且，還隨便濫用德國的博士之類的稱號，態度裝腔作勢。你實在太瞧不起我們這些同事了！」

「……除了學士會外，你也把學者不該有的大筆款項捐給其他單位，又接下了大學之外各政府機構的兼職特聘工作，一副只有自己一個人才是農大代表的樣子，何等糟糕！不容你這種無視於大學顏面與同事心情的任性行為再繼續下去。因此，我們做出勸你辭職的決議而前來這裡。」

總之，就是諸如此類的內容，而且來勢洶洶。加上全是這種出乎意料的理由，冷不防提出勸告，我也呆然愣了好一陣子。我心想，這種時候更應該冷靜下來，因此在下腹部用了點力，總算回了神。

姑且不論勸告的理由是否恰當，對方既然這樣正面大張旗鼓蜂擁過來，與其正面衝突太危險了，我方必敗。精神正抖擻的強敵，唯有避開。此時，我想起了《孫子兵法》。特別是對方料到自己必勝才殺進來的，因此不宜正面攖其鋒。這時應該先讓對手贏上一回，等對方氣勢轉弱，再推出我方的生力軍。在深思熟慮後，我回答他們：

「首先，我要感謝二位一同為了我而特地移駕前來。再者，諸位提出勸告的理由中，大部分都講得有理。我自己心裡也深有感觸。然而，箇中也有兩、三個誤解之處，我希望能夠辯解，只是這留到以後再說。總而言之，既然二位是代表多位同事前來，我固然深感遺憾，但好吧，由於我是自作自受，也只有毅然遵從勸告。明天，我會盡快辦理手續。」

這是我服務於大學三十七年間，所受到的最大的苦難，也是最大的教訓。

這份辭職勸告書的理由，大部分我都問心無愧，但或許是出於年輕，也或許是因為血氣方剛，我這種我行我素的行為，確實有不夠成熟或有失德望之處，如今回想起來，真的覺得很難為情。

高明的吵架方式

不愧是偉大的《孫子兵法》，上述的方法見效了，這使得因為勝利而志得意滿的兩人，馬上就以勝利者之姿展現出對我的憐憫之情。尤其是橫井先生，正因為他是個明事理的人，就改變了態度說道：

「既然你乖乖地把我們的忠告聽進去了，對於你認為是誤解的部分，我們也必須好好聽聽你的辯解。畢竟，我們也有義務向同事們報告出來……」

於是我說：「那真是太感謝了。不過，就算我此刻在這裡光憑口頭辯解，也無法證明其真假，再者，旁邊也還有許多助教在。這事如果走漏給他們知道，不知會引出什麼騷動來。尤其是，我要用來辯解的證物是在我家，因此，要勞駕兩位到我家去一趟。還好，兩位要回家都得經過我宿舍前方。」

就這樣，我硬是要求他們和我回家。他們兩人雖然沒有明確首肯，由於下班還是得經過我家門前，他們的意願變強了，但其實也可以算是意志變弱了一點。

好了，正如我在「財產告白」那裡講過的，我拿出家計簿與存摺這些實際物證迫使他們兩位認輸，勸我辭職的事也瞬間付諸流水了。不過，對於其他相關質疑，我提出如下的說明，請求諒解。

「本人之所以住在偌大的系主任宿舍，是因為松井校長他個人特別請我幫他顧著。偶爾有校外人士來訪時，所舉辦的看來奢華的酒宴，是由近衛篤麿先生擔任會長的『德國啤酒會』的例行舉會——固定成員包括石川千代松、三好學、坪井次郎、和田垣謙三等留德人士，此外大部分都是聘雇的德國籍老師。當時，我是擔任該會的常任幹事。宿舍的本館之所以擺出寫有德文『博士』的橫式門牌，是為了方便前來與會者；再者，校長也和我說，如果他不在時，有外國人之類的前來視察，就代替他全權負責招待事宜，因此我把正式寫有日文的門牌小心地移到側邊玄關去了。而之所以會同時從事以到早稻田大學兼課為首的各政府機關的特聘兼職工作，是因為我有意宣傳與拓展當時尚不被世人認同的農學、林學等新學問。而且，那些工作固然是在對方勉強拜託下才接受的，但我打算，在那些單位聚集了足夠的新學士投入專業研究、可以取代我之後，就不做了。」

在我努力地為自己申辯的同時，也一直反覆擦拭著流下的汗水。

全盤托出的話就理解了

最後，他們兩位向我鞠躬道：「知道了，知道了，我們完全投降，也向你道歉，拜託別講了。」就此，我也重新獲得全面的勝利。

只不過，這件事還有一些後續。

所謂的後續是指，既然勝負易主，戰事轉而朝有利於我的方向展開，我也就帶著惡作劇的心情說：

「那麼，我的辯解就到此為止。不過，最後還有一件事。既然二位也是推崇實證的學者，方才提到的德國啤酒會，絕沒有像從窗外看到的那樣奢華。在近衛先生家舉辦時我就不清楚了，但是在我家舉辦的話其實是很簡樸的，我想就請二位實驗看看。說真的，雖然說是啤酒會，但只是以德國家庭舉辦的宴會為準，因此只有燒煮過再放涼的肉、涼拌菜，再加上熱鬧地大喝啤酒而已。總而言之，唔，請你們以學者的方式實證看看吧。」

於是，我要內人準備一如往常的菜餚。就這樣，我們三人暢快地舉辦了「德國啤酒會」的實驗。橫井博士他們原本就不排斥這樣的事，他們十分開心地說：「真愉快、真愉快。在今天你的辯解當中，就這件事做得最漂亮啦！」最後兩個人都喝到酩酊大醉。他們不斷說著「抱歉抱歉」，如搗蒜般地雙手觸地鞠躬。

接著，我貫徹了自己惡作劇的念頭道：

「接下來這個，是啤酒會實證的後續，請你們務必有始有終。這是大家臨走時都會有的習慣做法……。」

語畢，我幫他們兩人都叫了由雙人共拉的黃包車，硬把他們推上去。結果，車伕拿了眼前的車資，卻連直走也沒辦法，就大大地繞了一圈，最後把快活的他們兩位送回了家中。

自我反省的好機會

那一晚，我試著重新從各個角度反省自己。原來如此，這個世界，不能採取那種只容自己一人放肆的做法。再怎麼細微的事，還是必須考量周遭他人的感受。就算自己覺得沒有錯、覺得正確，世人往往還是會產生離譜的誤解。誤解又會衍生誤解，最後甚至連像這次的辭職勸告書都出現了。我相當後悔，想著：「啊！吾過矣[1]。」

接著，我又針對為何今天橫井、長岡兩人會率先以如此猛烈的態度前來找我，重新思考了一番。結果，兩個人我都想到了心裡本應有譜的事情。首先，是在前往台灣調查時，我對於長岡君的疏忽之處。

那是日本占領台灣後不久的事。農大挑選了兩名「生財資源調查委員」，就是我和長岡先生。長岡先生是比我早兩年的駒場畢業生，說起來算我的前輩，不過，我是留洋回來的，月薪比他高，再說我博士的頭銜在外也比他略為好些，更能夠取得信任。因此，在別人的推舉下同到台灣去時，我經常無視於長岡先生，自然而然多話起來。無論在當地勘查，或是在招待宴或報告會中，我就在毫無體貼之心下，當成是我一個人的舞台，得意洋洋地度過。雖說那時候由於時勢與機運，會這樣也是莫可奈何，但現在回想起來，我自己應該還是有更好的做法才是。無論如何，這一點成了長岡恨我之處，再加上我那種傲慢的態度，似乎在各方面都成了怒火的種子。設身處地來想，長岡會那樣也是合情合理的。察覺到此事後，事到如今，我才開始深切後悔自己在社交上的缺點與短處。

1 語出《禮記·檀弓上》。

另一方面，橫井博士也是早我近十年的前輩。他是農大的首席教授，而且還活用了自己漂亮的書法與口才，堪稱是當時農學界代表的第一把交椅。然而，身為年輕人的我以「留洋歸國的博士」這張新招牌展開活動後，也由於我和時任全國農業會會長的前田正名先生（我提出留德申請時的校長）熟識，我經常出席農事大會等場合，因此總有很多機會和橫井博士一起發表談話。橫井博士已是老練嫻熟的大師，無論到哪裡，他都可以在毫無準備下，即席做出很棒的演說。不想在這方面服輸的我心想，好，在其他方面我固然不容易追上橫井博士，但我在心底偷偷下了決心，一定要在演說上讓他認個輸。

於是，不同於橫井博士只把簡單的統計數據或邏輯寫在毛筆用的捲紙上就上台演說，我則是逐步把完整的稿子詳細寫出來，再經過幾次的練習後才站上台的。就算出去旅行，我也絕不懈怠，經常都在半夜一點到五點期間，偷偷離開住處，到海岸或原野上拚命持續練習。繼而在演說時，我總會惡意搶在橫井博士之前上場，努力搶走滿場的大喝采。在我之後馬上上台的橫井博士，就會覺得比較不好講。結果，有時他甚至都還沒完全講完，就下台了。

到頭來，由於在我之後演講會讓他比較不好講，他便開口說，讓他先講。他這個大前輩幫我暖場，我卻擔任壓軸，這種事實在太離譜，我說這有違禮儀也有違慣例，因此斷然拒絕。接著在各種演講會或調查會等場合中，我還是繼續堅持同樣的做法，因此，博士最後也棄甲投降了。我總算有痛快的感覺，獲得了百戰百勝的自信，也在心裡得意洋洋地抽了抽鼻子。現在回想起來，自己實在不為他人著想到了極點，因此博士他對我漸感不快，也是理所當然的。

好了，這兩件事兜在一起了。他們兩人終於成了這次勸我辭職的急先鋒，連袂出現在我眼前，反而沒什麼好不可思議的。事到如今，我對於自己的處事不周，不由得感到臉紅。此時我才首次被迫察覺到，這麼說來，系裡面的每個人，如果對我或多或少抱持著反感，也是理所當然的。所以我覺得，辭職勸告書對我而言真的是值得感激的。因為，它給了我一個自我反省的機會。

如前所述，藉著這次的機會，橫井時敬博士和我成了至交，一生不渝。從此以後，在演說、演講等方面，我都會小心抱持著「不要自己一個人把什麼都給講掉了」的態度，因為那會使得接下來上台的人不好講。我反而會改口說：「關於這一點，某某先生調查得比我仔細，他又是那方面的專家，因此請容我讓他來做完整的交待。」

過多的謙虛沒必要

順便一提，我要把自己大學任教時因為偽善而導致的一件煩惱，在此告白出來。

我認為，這是一般上班族也很容易懷有的錯誤的舊思想，在我的體驗社會學中，它也帶有很重要的意義。不過，在我已經從大學畢業、年逾八十歲的今天，有一件事我非但不感後悔，甚至還覺得自己做得很好、有自豪之感。雖然在我剛開始任職的前八年間，還曾因為這件事一直陷在無謂的愁悶中，因此我想要特別補充一下。

那是在我自以為展現謙遜，主動要求擔任較低職位時的事。

明治二十五年，我一從德國回到日本，就在恩師志賀泰山老師與其他前輩的推薦下，到農科大學擔任副教授。我是七等從七位的高等官，當時根據慣例，一般大學的畢業生，得要擔任兩年到五年的判任官，才能成為高等官。但托自己到德國留學的福，我自農大畢業未滿兩年，就越級接受了少見的拔擢。但這麼做反而讓某種愁悶糾纏著我。

那是在發表這次的任官消息前，當時的校長松井直吉先生曾經來找我，有過如下的密談：

「其實，我打算推薦你當教授，只不過這樣的話，你會變成高於以前曾經教過你的白井光太郎與守屋物四郎兩位（都是副教授）。就算這樣，你也無妨嗎？」

我維持著平常心，沒有深思就馬上回答道：

「像我這樣的年輕人，如果地位在教過我的兩位老師之上，我會覺得很難受。請務必讓我在兩位老師之下。」

松井校長聽到這話，於是說：「那就照你方便的方式去做吧！」，幫我決定了和他們相同的地位與年薪。這使得我產生一種自己好像做了什麼很大的好事一樣的感覺，一時陶醉於儒教式的自我滿足中。

然而，後來由於大學的預算刪減，兩位老師的升等延遲了，跟在後面的我，變成必須長期**陪著他們**。也因為那是在我充滿功名之心的年輕時期，以及在一點點的加薪就會造成重大影響的薄薪生活時期，這條一再延遲、毫無動靜的升等隊伍，變得**緩慢得教人焦急**。只因為一件事的心直口快，成了長年讓我愁悶的源頭。在民間企業裡，絕對不會有這樣的事存在；但在一般政府機關裡，尤其是大學的制度，實在極盡狹隘之能事，嚴守著一切都必須照順序來的內規，因此白井與守屋兩位先生只要不升等（而且時間還拉長了），我就絕不可能升等。這就是我陷入的窘境。

這是我出於一時的豪邁心、因為自己無謂的謙遜所造成的結果。這八年副教授的歲月裡，對於自己做出那麼愚蠢的事所產生的煩悶感，在心底揮之不去。難為情的是，這件事展現出我是個心胸何等狹隘的人，但對一個普通受薪階級的人來說，會有這種心情也不是沒有道理。我想，曾經和我處於同樣處境的人，應該很能體會吧。

擔心工作也沒用

相對的，在學生時代，我們班有著互相爭奪第一名的三人組——川瀨善太郎、河合鉼太郎，以及本多我。其中的一人川瀨先生比我晚了兩年到德國留學（留了兩年），回國後馬上就當了教授，因此在那之後，他和我之間就存在著階級的差距，凡事我都居於下位，這使得我心裡暗自的悔恨變得更加濃烈了。

不過，川瀨先生比我年長四歲，是個和歌山藩出身的有名人才，在進入山林學校就讀前，已經當過小學校長及郡督學，畢業後又做過一陣子山林局的技術員，再加上新近留洋鍍金回來，因此對於我這個不過只是學生出身的年輕人而言，他是我無法比擬的人才。不過，由於學生時代我曾經超越他成為第一名，而且又比他早留學，還擁有他所沒有的博士學位，導致年輕時的我出於自尊心，絕不甘於屈居川瀨先生之下。現在回想起來是很可笑的事，但當時的我可是很認真的在愁悶著。

因此，雖然事隔多年，我還是想要大力倡導「我的體驗社會學」。那就是，無論什麼場合、什麼職務，只要自己有那個實力，就要勇敢接受理所當然獲頒的地位。

所以，拋棄儒教那一派老舊的無謂拘泥吧！只要你不是以聖人君子為志，就別在工作上展現不必要的謙遜。不用客氣，要盡可能往前去確保自己能夠滿意的位置。就算箇中有你非顧不可的師徒之禮，或朋友之情誼，你還是可以用別的方式充分顧及，也必須顧及，絕不要只為了當場好看，一時做出非本意的偽善行為。對我們凡人來說，大可不必的「請看我這樣」的善行，反而會帶來自己與別人都覺得不便的結果。為使自己好好工作、好好做事，在工作上完全不需要客氣。少年得志或許大不幸，但應該得志卻沒得志，也一樣是不幸吧。並非少年的中年人，就更不用講了。總而言之，偽善式的謙遜，大可不必。

後來，我成為東京府水源森林監督時也是和對方約定好，不久後由我以代理知事的身份全權負責；或者，在接受各政府機構特聘兼職工作時也一樣，會盡可能要求較高的地位與較廣的權限。就像再晚些時候我成為長野縣的山林顧問時一樣，他們幫我在知事室旁設了一間氣派的顧問室，凡事我都強橫而毫不客氣地做到最後。事實上，這麼做，反而能夠得到更棒的成績。凡此種種，全是出自於前述大學任教初期的愁悶，也是年輕時的失敗教訓，所導致的結果。

第九章

如何用人？如何為人所用？

- 用人者，就要為人所用
- 誠意與技巧
- 人物的正確評價
- 委託工作的巧妙方式
- 仔細聆聽別人的意見
- 主管的威嚴與親切很重要
- 責備人不容易
- 陳述自己意見的高明方式
- 給別人的意見一個面子

用人者，就要為人所用

以前曾有一句話說：「要用人，就要為人所用。」這句話似乎有兩個意思，一個意思是「用人要用得好，自己就必須先親身經驗為人所用的感覺」；另一個意思是「用人者，凡事都必須設身處地從為人所用者的角度來思考」。如果再解釋得更徹底一點，用人這件事，結果就是為人所用。因此，若能適切為人所用，則也能適切用人。

在說明各種內容前，我想先講講一段久遠的回憶。

那已經是三、四十年前的事了，當時在知名的麻布中學擔任校長的江原素六老先生，總會在早上帶著微笑，一個人撿拾學生從宿舍窗戶亂丟出來的紙屑。最後，有個早起的學生終於看到這件事，告訴了所有的住校生，大家大受感動，自那之後就沒有再把紙屑掉到窗戶下面去了。由於那時我擔任舍監的宿舍也一樣有打掃不確實、髒亂不堪的問題，因此聽到這樣的故事時，我馬上如法炮製。於是，我特地穿了一件汗衫，自己開始打掃廁所、鞋櫃等等。然而，只有在看到我身影時，所有宿舍生才會一面吆喝著「啊，來了來了」，一面像說好似地幫忙打掃。其成效僅限於那段期間而已，一直無法持久，宿舍內部還是一樣的髒亂，並未改變。後來，我才發現到自己與江原老師間的差異，深深感到羞愧。

我們的差異是這樣的：江原老先生是真心把學生當自己的孩子般疼愛，他是以一種「把孩子玩耍過後弄亂之處收拾好」的心情，全然出於慈愛之心走動撿紙屑的。然而，就算我的做法看起來一樣，在我的心裡，其實是出於一種「怎麼樣，你們沒看到我在做嗎」的火大心情在行動的，最後，當然完全無法與江原老師相提並論。

人之所以會這麼難教導，不外是因為要用人做事並不容易。而其背後的根本問題，我認為在於教導的人、用人的人，是不是誠心誠意。

我這個當舍監的，還曾經鬧過這樣的笑話。我因為在大學的工作以及其他因素日益忙碌，某一次，我打算停下這件工作時，妻子竟然率先反對了。

「太離譜了，要停也是停掉別的工作，唯獨舍監這件工作我希望你能做下去。你大概以為自己是在監督那些年輕人，其實我卻希望那些年輕人能夠幫我監督你呀……」

就算事實並非全如妻子所言，但就連我本人也說不贏她。

用人者，要為人所用。監督人者，要受人監督。這樣的事，似乎並沒有錯。

誠意與技巧

不消說，一切人際關係，都必須先以彼此的誠心誠意為基調。然而，箇中往往或多或少還需要運用一點技巧。想要用人用得好，在這方面尤有一些重要的訣竅存在。以下，我想談談兩三個自己察覺到的、也實行至今的「為人師長的心得」。

為人師長，第一件必須注意的是，不要老是賣弄自己的知識或經驗。當上機關長、社長，或是某某局長、部長之類的人，如果太過賣弄自己的知識或經驗，部下們會覺得「既然大將那麼厲害，我們就暫且這樣就好」，不但變成凡事都靠大將，自然而然演變成不花心思籌畫，甚至還會使得部下把一切責任都推給老大。最嚴重的狀況下，恐怕會使得該單位內部的氛圍變成懶散、無活力、怠惰至極。

如果主管對部下說「責任由我負，但工作全權委交給你。凡事都給我放手去做」的話，部下們反而會感覺到自己的責任，不但會自發性地挖空各種心思，碰到重要的事情也會謹慎以對，都來找主管商量。因此，凡事都不會有大錯發生。而且，大家都會當成「這是我的工作」而專心致志於此，不管是政府機關或企業，都反過來會變得充滿活力，工作效率也會大大提升起來。

要想用人得宜，就必須好好弄清楚對方的性格（優點與缺點）。部下人數一多，甚至會連他們的姓名都難以完全記得，但就像主管要正確而迅速地記住他們的名字一樣，對於他們的事情，也必須鉅細靡遺徹底了解。

每個人都有他與生俱來的某種特點。因此，為人主管者，要努力發掘出部屬的特長，一有機會就稱讚其長處；然後，如果他有缺點，也要稍微指出來，提醒他要改正過來。就人情之常來說，一旦知道主管認同自己的優點，任誰都不會有不好的感覺，部屬不知道會因而在日常工作中產生多少幹勁呢！而對於主管若無其事點出來的缺點，他們也會率直地聽進去，認真努力地去改正。

人物的正確評價

必要時，如果能擺出必要的「不知情的表情」，你在用人方面就可以稱得上是獨當一面了。不過，這對我們凡人來說，十分困難。凡事我們都很容易會在表情中、在言語上展現出來。不講也無妨的事卻講了，變成所謂的「一言既出，駟馬難追」，造成無法挽回的後果。這個世界上固然有許多問題必須即刻做出決定，但這副「不知情的表情」，卻也是不少問題的最佳解決方式。身處於用人立場的人，不可不知此事。

不過，還有另一件事也很重要。相反於外表上的不知情表情，私底下還是要凡事了然於胸，時而讓部屬膽顫心驚一下，產生一種「哇！老大連這種事都清楚呢，真的是馬虎不得」的感覺。而且，也正因為如此，才有辦法能夠「裝做不知情」。

因此，要當人家的主管，就必須費點心思注意多數部屬的想法是如何變動的，以及他們各別的工作狀況到底如何。要能夠隨時根據正確的評價推動一切。

簡單講，你可以稍微調動一下人事看看。如果你採取的是如前所述、根據對別人的正確評價、人盡其才的方式安排人事的話，所有的部下都會覺得「哇！本來以為老大一無所知，他怎麼什麼都一清二楚啊」，並且會在毫無牢騷與不滿下跟隨著你。你平常那副「不知情的表情」，可以帶來更大的威力。

出於一種以「貫徹努力主義」為人生觀的原則，我原本就會去看部下的工作狀況等等。我想感謝的不是在檯面上大幅提升效率的人，反而是辛勤地在檯面下協助別人的人。我也會盡可能努力獎勵其辛勞。不過，任何社會對於這種人扮演的角色，卻有一種予以忽略的傾向，因此居上位者無論面對什麼事，都應該要毫不懈怠地，能經常看穿到每件事的最底層去。

不過，雖然說要看穿每件事情到最底層，倒也沒必要一天到晚坐在椅子上苦幹，露出一副好像要把人灼穿的目光。雖然有人會覺得，這個世界只要自己一不在，不管是一天還是一小時，似乎就會發生什麼問題，就會有人鬆懈或偷懶，因此眼光一刻也不能離開。但這種以主管自居的態度是不行的。最棒的領導是，無論自己人在不在，工作場所的緊張感，都不會有改變。而且，最重要的是，除了要好好看清別人的優點、妥為活用、贏得部屬的信賴外，還必須徹底信任擔任各職位的每個部屬，把一切授權給他們。正如「因為對方的優點而與他往來，就不會交到壞朋友」所言，如果我們只講他的優點，只利用他的優點的話，無論到哪裡都不會碰到與你不合的部屬。

委託工作的巧妙方式

前面講過，要想用人，就要迅速而正確地記住人家的名字。這看起來好像沒什麼，卻是一件極其重要的事情。

在交辦部屬什麼工作時，不管你的態度再怎麼竭盡禮貌之能事，如果叫錯名字的話，可就前功盡棄了，部屬會覺得「搞什麼！竟然瞧不起我」。你的態度愈是殷勤，一旦叫錯名字就會因而變得愈奇怪。因此，如果覺得對方似乎是新人，自己只存有不確切的記憶的話，至少要先悄悄詢問隔壁座位的人，或是翻翻員工名冊看看。還有，如果連勤雜人員或工友的名字也都一一記住，再以「喂……某某君」親切地叫對方的話，對方的心情必定不會太差，就連託買時說好要自己過去拿的便當，他都會在還熱騰騰的時候特地送過來給你。

因此，在交辦部屬工作時，無論是再怎麼微不足道的事，我一向都會一一正確而清楚地叫出對方的名字，誠懇而有禮地吩咐他。還有，我也會好好考慮要交辦什麼事項，以免對方覺得「什麼嘛！怎麼叫我做這種事」。

比如說，我會有這樣的考量：

要交辦年輕人什麼事情時，我會挑選略為超出他地位與實力，卻又不致於讓他做不到的事項，把適當的工作交給適當的人才，讓他能夠有一種「這應該是有點重要的事吧，但是**山人**我來做就沒問題」的感受。然後，我一向會在親切地說明工作內容、指示做法後，聽聽他本人的方案，適度追問一下，再以一句「那就麻煩你了」，懇切地拜託他。

好了，以這種形式交辦出去的工作，無論誰接到都會略有一點自豪與承擔責任的感覺，也一定會竭盡所能完成它。再說，對方做出來的結果，大致上也都良好，就是一例。而對於如此完成出來的工作，我也會親切地重新審視，並且視創意程度不同，經常以部屬的名字發表出來，讓當事人能夠獲得學業上或事業上的榮譽。這些事情，我一向都謹記在心。

仔細聆聽別人的意見

接著，對於部屬或員工向你提出的意見或提案之類的東西，已經累積起經驗與研究的主管，經常會有一種「粗略看來很了無新意」的感覺。可是，不能因此就以一句「無趣之至」把人家貶得一文不值，或是露出瞧不起的神色，輕蔑以對。即便主管覺得無趣，或是覺得這提案很愚蠢，對提案的人來說往往是費盡全力才想出來的，如果太過隨便就排除掉，勢必會讓部屬很感灰心。有時候，他們甚至會失去再次上呈提案的勇氣。這種時候，無論你再怎麼忙碌，或是再怎麼覺得很沒有意義，還是要親切地一一聆聽。這樣的準備與忍耐，說什麼都需要。這既是為人主管者的教養，也是義務。

也就是說，在你的部屬有什麼事情前來找你，或是跑到你座位附近來時，可以的話，要馬上中斷手邊的工作，在還有兩三步時就看著他的臉、注意著他的腳步，微笑地擺出要聽取那件要事的態度，以眼神展現出「好了，不管什麼事，你儘管講」的感覺。這種程度的事，至少得要做到。然後，要**好整以暇**地讓他把想講的事情講完，讓他把想說的話都充份說完。這種時候，無論有誰向你提出什麼要緊事，只要先押後，再以一句「好了，你繼續講下去」催促他的話，提案者將會開心之至。

總之，為人主管者，要不斷向部屬徵求業務上或研究上的意見。就算只是採用與否都無傷大雅的事，也要盡可能以採用的形式予以接受。這對他本人來說是莫大的獎勵，也可以誘使他未來再花心思做出真正有意義的改善。無論如何，用人之時，必須經常保持坦率聆聽他人意見的雅量才行。此外，也要有在可能範圍內予以付諸實行的積極心態。

主管的威嚴與親切很重要

無論是用人還是為人所用，最重要的是，要經常與周遭的人打成一片。我這個人對打成一片這種事最不擅長，從少年時代開始就有很強的孤僻性，也有著懷疑別人、嫉妒他人、為別人的倒楣感到開心之類的壞毛病，連我自己都感到討厭。不過，十六歲時，我進入淘宮術[1]大師新家春三老師的門下，努力從根改正那種個性，後來我好容易才變得既能為人所用，也能用人。

桀敖不馴與器量狹小，會讓人既無法用人也無法為人所用；相對地，禮讓與和顏悅色，可以讓你在用人或為人所用上所向無敵。只不過，還有一件事情非注意不可，就是即便注重禮貌與規矩，也絕不能覺得自己高高在上。那樣的話，非旦無法與同事打成一片，反而會經常遭到排擠。因此，即使有端正的禮節，凡事還是得要遵照民主、親近民眾才行。雖然說是在上位者，也不要忘了經常要在工作中與工作外都與部屬站在一起。

不過，要讓部屬的心與自己相連相繫，最有力的方法就是對方一旦拜託你什麼，就一定要做到，不能忘記。為此，我準備了筆記本，把每件事都詳細記下來。就連那些拜託我的人自己都已經忘掉的小事，我也一定不會忘記，還是會做到，使得他們覺得「我們家老大連這種小事都為我記住呀」，而大幅提高對我的評價。如果狀況變成對方再三提醒，最後只換來一句「唉呀，我忘掉了」的話，無論是工作上的權威、信賴，將會在無預期下打了折扣。

1 一種透過修行改運的方法，一八三四年創始於橫山丸三之手。

此外，為人師長者，不可以老是面無表情板著一張臉。部屬經常會掛念著「主管的心情」這種事（但並無卑屈之意），因此對部下要盡可能柔和、勿忘笑容，時而以充滿幽默的言辭參與他們的聊天。如果沒有好話題，至少要以「怎麼樣，你的孩子都過得健健康康的吧？」之類的話平易以對，這一點很重要。「威嚴」與「親切」——要想均等分配此二者，其實相當困難。居上位者不為人知的辛苦處，也就在這裡。而這正是孔子所講的「威而不猛，恭而安」[2]。

2 《論語・述而篇》第三十七。

責備人不容易

此外，居於人之上最需要煞費苦心的，是如何責備人與告誡人。

人一旦經驗老到、年事漸長之後，自然而然對別人的抱怨就會變多，或者說也進入了非得抱怨不可的立場之中了。於是乎，一下子要責備人，一下子又要告誡人，而且箇中還夾雜有自己任性的想法在，因此非得仔仔細細多加注意不可。換句話說，當我們想對部屬抱怨或是想責備部屬時，要先把那些內容套到自己身上看看，先自我反省再說。必須要下定決心，慎重到這種地步才行。

稱讚原本就如同春雨，責備原本就如同秋霜一般，稱讚的話可以讓人活過來，使他們茁壯成長，但抱怨往往會傷及別人、使人縮頭縮腦。因此，就算要抱怨別人，如果能夠用心採取「八分稱讚、二分提醒」的方式，效果似乎會更好。在孩子的教養上也是，有「稱讚三件事、責罵一件事」這麼一句話。

因此，我也依照這樣的手法而行，在非得責備別人的時候，一向都先舉出對方的長處，再補充一件要提醒對方的事。

例如，我會以下面這種方式講：「你的這一點和這一點其實很了不起，不過有件事，一旦談到這方面的事，你就有點糟糕。因此，只要好好改掉這一點和這一點，你其實可以更棒。你要多加注意。」

總而言之，如果一口氣把太多缺點都舉出來責罵的話，對方會打從心裡感到惶恐，這其實反而會引發他的反抗心。不時講些抱怨的話固然不好，但也切忌因為看不下去而一口氣罵上一長串。只要能罵人罵得巧，你就已經是個善於用人的人了，就為人主管而言，已經接近滿分了。

在此，困難中尤其困難的事情是，如何責備那些已經自成一家、具有相當自信的人。誰都一樣，沒有什麼比自己有意要好好完成的工作遭到主管或同事說長道短還要難受的。自信心愈強，因而產生的不愉快感就愈大。因此，在提醒對方時，要如何不讓對方產生這種不愉快，而讓他們很感激於這樣的忠告，是極其困難的事。

這種時候，我一向都只針對事情本身簡短講講，絕不會以批判般的口吻去說一些態度如何如何、心情如何如何等其他事情。如果把想講的事全都講個精光，反而會有反效果。像我這樣只提醒對方一次，是為了要暫時刻意不去觸及問題，給對方一個充分自我反省的機會。

還有一點，就算事情再小，老人家、主管絕對有一個壞習慣，就是看到自己看不過去的事，總是會馬上抱怨出來。但我想要責備的事如果是已經結束、已經過去的事，我就不會再責備，而會在不損及別人的心情下，要他未來多注意。比如說，我會講「那很好。不過，還有這樣這樣的問題存在，因此下次開始你要不要這樣子做看看？」之類的話。

還有，有些時候，你再怎麼提醒或責罵，對方還是改不過來。這有可能是我們自己的想法有誤，也可能是每個人各有不同心情，就像每個人各有不同長相一樣，因此只要嘗試過三次他還是不聽，我就不會再繼續逼迫下去了。我會選擇我走我的路，他走他的路。

陳述自己意見的高明方式

在一個用人、為人所用的社會裡，也就是在一個合作的社會裡，要想抒發己見，或是要想貫徹自己的想法，都需要相當的苦心與技巧。我本來就是個愛說話的人，只要是我知道的事，就會**多嘴**告訴別人，連別人沒問的事，我都會習慣主動講解。這或許是因為我長期擔任學校老師的緣故，不過在我職務所及的重要意見上，如果在別人問我之前就先講出來，總覺得有些糟糕。

在多人聚集的場合，因應聽眾的要求再發言，會比主動發言的效果好得多；一旦多事先開口發表己見，不管你的內容再充實，都容易遭人嗤之以鼻，甚至會讓別人感到不悅。

因此，愈是重要的會議，愈應該先充分聽過別人的意見後，再徐徐提出己見，似乎會比較討喜。而且，最好是先贊同別人的意見，再以補其不足的形式講幾句話。此時的重點不在於和誰的什麼主張扯上關係，總而言之，目的在於只要能把結論導向自己希望的方向，也就行了。所以要努力在促成他人主張的同時，又說明自己的主張。這除了能讓大家對結論負起共同責任，對於維護多數與會者的情感，也很有幫助。此外，會中產生爭論時，若能經常帶著雅量尊重對方，反而能從那人口中聽到真正的意見——也就是能夠讓對方講出真心話。

再者，過則勿憚改，如果在討論中察覺到自己的見解有誤，不如就當場大方認輸，回頭修正自己的看法。這樣的話，會比無謂地一直固執在自己的看法上，還要像個男人許多。而且，下次一有機會，與會者也會豎耳傾聽你的意見吧。

給別人的意見一個面子

還有，在一般會議之類的場合，如果一切都照著自己所想發展的話，總覺得日後的執行會變成得要自己一個人負起責任一樣，也會出現一些不便之處。為避免這種狀況，可以只堅守「說什麼都不容退讓」的重要骨架，至於怎麼樣都無所謂的其他七八分，就盡可能留面子給其他人的意見就行了。這看起來很像是**膽怯**的行為，但對於會議的順利進行以及在執行的部分謹慎做好準備來說，都極其重要。

接著，在不採會議形式，只由大家各自發表意見的時候，一般多半會採用提出書面意見的方式；在撰寫的時候，若能避免冗長的理論性敘述，簡單明瞭地把意見條列出來，會是最好的。若要準備詳盡的說明書，最好一開始就寫成另外一份文件，可以讓讀的人在讀過本文後再回頭重新來看它。如果硬把說明的內容安插到本文中，整體上反而會給人一種沒什麼內容的感覺；再者，大家會不會讀到最後，也是一個問題。

還有，最近的我，幾乎都不出席會議了。不過，常會有人拿各種重要問題來徵詢我的意見。這種時候，我會盡可能避免當場答覆，請對方姑且給我一點審視的機會。這固然是因為我老了之後變得慎重再慎重，希望彼此盡可能都不要犯錯，不過對於用人以及為人所用的人們而言，我也覺得，無論是陳述己見還是聆聽他見，都應該以慎重為要。

第十章

平凡人的成功法

- 為下一個階段做準備
- 工作的樂趣
- 天才不足為懼
- 上位經常是虛位以待
- 自負未嘗不可
- 立志成為議員
- 政治與脫軌的自負
- 絕不可走旁門左道
- 我的體驗社會學——最終結論

為下一個階段做準備

以前我從曾任總理大臣的桂太郎上將那裡聽過以下這番話，深受感動，即便到了現在，還把它當成是極有意義的處世格言。

上將說：「我投身於陸軍，一向都是不斷搶先學習。獲任命為上尉時，我把晉升少校的年限訂在三年，在前半的一年半中，我充份學習身為上尉該做的工作。然後在後半的一年半裡，我就拚命學習升任少校需要懂得的事項。因此，等到預計的年限到來，一升上少校，由於早在上尉時代就早早做好準備，我得以輕輕鬆鬆做好少校的工作，和其他人相比綽綽有餘。接著，我馬上展開晉升中校時所需要的學習，當上中校後就為上校做準備，當上上校後就為少將做準備，就這樣一個階段一個階段，好好學會上面一個階層的事情，所以我既能在工作上輕鬆以對，成績也出乎意料很好。因此，我才能夠以比誰都還優異的成績晉升。」

當時我雖然已值壯年，卻有如青年一般覺得從中獲得了一些啟發，在「唔，原來如此」的感受下，我不由得鼓了掌。那位出色的人才，還是有過這樣的努力。我很感嘆，難怪他不單單只是個一介武夫桂太郎而已。

如同我先前一再提到的，根據我的體驗，人生最大的幸福就是工作的興趣化。無論財富、名聲、美衣美食，都比不上工作興趣化的快樂。興趣化可以換成藝術化、嗜好化、娛樂化、遊戲化、運動化，或是享樂化等等，要怎麼叫它都行。只要所有人在各自的職業裡、工作上，都能夠全心全力投入，如果到了每天的工作有趣到讓自己受不了的地步，就是很棒的工作興趣化了。也就是所謂「無我」的境界。而這種工作的興趣化，不但它本身已經能夠獲得充分的回報，很多時候，我們還會在不知不覺間獲得金錢、名聲、地位、生活等以「工作渣滓」的形態呈現的恩惠，這是很讓人感激的事。桂上將的做法，也是最典型的一種「工作興趣化」。

工作的樂趣

將工作興趣化的方法只有一個，就是學習，只有努力再努力。

一種職業就有如一種藝術一樣，一開始或多或少會有些辛苦，但只要每個人確定了自己的職業與志向是天職，然後不迷惘、不遲疑、專心致志地去努力的話，這份工作遲早會出現樂趣。一旦工作中產生了樂趣，工作就不再是痛苦，也不再是負擔，而是一種快樂，一種力行，漸漸產生了不起的工作興趣化。

事實上，無論商人、上班族、農民、勞動工作者、學者或是學生，只要略為埋首於一項工作、持續學習下去，箇中一定會產生樂趣、自己一定會產生熱忱，進而實現工作的興趣化。就我到今天為止的體驗來說，完全就是這樣。

我出生於埼玉縣的農家，一面擣米一面自學，才進入了東大農學系前身的山林學校讀書。擣米的工作一開始很辛苦，我做起來覺得厭煩得要命。擣米台才踩沒多久，我就想要知道目前擣得如何而跑下來吹米，這使得好不容易才摩擦產生的熱量又冷了下來，我得花更多工夫去擣。因此，在我不斷思考之下，想到了一個方法：在旁邊那扇門的門栓上綁一條鬆鬆的線，在二者之間攤開書閱讀。由於我的工作只是單純的用腳踩而已，就在我一點一點為書所吸引的期間，自己已經把米擣得白白的，甚至於到了擣得太過的地步。後來，大家都說「擣米就找靜六」，擣米變成我的專長，我也因而得以在學習方面不斷有斬獲。

即便是像擣米這種機械式的無聊工作，只要略為花點心思，也可以漸漸變得有趣起來。這是我最早發現的工作興趣化，或說是遊戲化的實例。雖然，最後頭的作業與腳的作業已經變成有點主客異位了。

桂上將在明治兵制創設之時，一開始就擔任上尉，因此沒有像我這樣做的必要。不過，軍人也一樣，只要能在士兵、下士的階段做好擣米般的工作，投注心力為下一個階段做準備、竭盡全力去做，毫無疑問可以達到自己能夠達到的最高地位。如果是從事其他自由度比軍人的還要高，又沒有階級性的工作，就更不用說了。這些人必然更可能實現工作的興趣化，因而能夠得到的也會更多。

天才不足為懼

什麼工作都行，拚命去做；什麼職業都行，埋首其中直到化為興趣；這是使平凡的自己大有所成的唯一途徑。世上很少會有那種只有天才才做得來的工作。至少，稱得上是職業的職業都一樣，平凡人可以藉由努力，深入到完全化之為興趣的層次。從現今的科學來看，真正的天才必須有天才的遺傳要素，我們凡人當不了真正的天才。不過，再怎麼不擅長的事，只要拚命去做，就能夠變得精通、變得喜歡。即使當不了天才，至少可以成為接近天才的人。我也從各種體驗中察覺到這件事，日後看了歌德的《天才論》，果然也說「天才要靠努力」，給了同樣的結論，和我的想法不謀而合。

因此，我們就算差天才一步，也必須要透過努力，立志成為「亞天才」，沒有必要一開始就退讓，覺得自己輸給天才。

「庸才加努力」，一定能贏過「天才減努力」。八十年來，我一直秉持著這樣的做法，凡事我都不覺得自己輸人家多少。

好了，這裡要談談一套工作技巧，它可以讓凡人面對天才時，即便還不到「必勝」的地步，至少可以「不敗」。

那就是，「別被工作追著跑，要趕著工作跑」。也就是說，天才花一小時可以做到的事，我們就花兩小時追上他，花三小時追過他。今日事今日畢自是當然，我們還要明日事今日畢、後日事明日畢，甚至於進一步做到後日事今日畢。

前面提過的桂上將的做法，正屬此類。不消說，桂上將固然是陸軍最出色的人才，但就算你不是桂先生，只要能持續以桂先生那種方式學習，毫無疑問也可以成為近似於桂先生的人，這就是我們凡人應該努力的目標。

即便昔日的軍人那樣耀武揚威，他們確實也算是一種上班族。因此，就算從極其普通的上班族教戰守則來看，上頭交辦給自己的工作，就應該迅速而完整地做好。凡人要想和天才競爭，就更不用說了，這樣的努力絕對需要，而且連天才們在睡覺的時候、在偷懶的時候，我們也要毫不懈怠，為接下來的工作做好準備、做好安排才行。

或許有人會說：「少開玩笑了，我們哪有可能趕著工作跑？花了九牛二虎之力，才勉強跟得上工作進度而已。」不過，大抵而言，今日的職業與工作環境中，多半都有勞動基準法的存在，因此不致於會有被迫過勞的問題。一般人只要正常工作，一定可以跟得上。因此我認為，一般人只要比一般人再多努力一點，再巧妙地多花一點心思，要想持續從從容容地提前學習，絕不是問題。

上位經常是虛位以待

前述的「桂式學習法」，並非只有身為軍人才適用。就算你是學者、老師、一般公務員或是銀行行員，一樣可以用這種方式學習。問題只在於，你能否持續用心下去，以及你能否不鬆懈地努力下去而已。

木下藤吉郎[1]那種從幫人家拎草鞋的，變成取得天下者的出人頭地法，固然也是這種方式的實踐，但今天已經無法期待像藤吉郎的時代那樣可以一飛沖天；取而代之的是，在任何一個層面，都配合著平凡人的步行速度，妥

1 豐臣秀吉本名「木下藤吉郎」。

善地建立了在藤吉郎的時代所看不到的組織與制度的階層。因此，靠著桂式的學習法，即便無法像大天才秀吉那樣當得了太閤[2]，還是有那樣的機制，可以讓你在某一片或大或小的天地裡成為第一把交椅。至少，在民主主義、自由主義的社會中，應該是朝那個方向變化的。雖然是平凡人，也沒必要那麼快就放棄出人頭地，應該要好好立下大志。說什麼都沒必要在工作上有所顧忌。

在西方的人生格言中，也說「比你高的位置總是在虛位待你前去」。對於真正在學習、真正培養出實力的人而言，那扇該進的門，會一直為他敞開。在他的努力下，沒有任何一扇門是關上的。即便正門關著，還有後門；即便後門關著，還可以翻牆過去。

請各位好好睜大眼睛重新看看自己的周遭。無論什麼地位、哪張椅子，外表上看起來固然都被占滿了，但只要能夠學習以及培養出實力，沒有任何一個地位或任何一張椅子是無可取代之的。每張椅子都一樣，只要你把它看成像是空椅子一樣，它不就是空椅子嗎？

不管是地位也好，椅子也罷，就算無法真正取而代之，後進者還是有這個義務與權利以此為目標持續學習，預先養成自己的實力。再者，這不也是工作與趣化時，最貼近我們的一項目標嗎？其實，就社會上一般的現況來看，這些椅子已經全都在等待著，要迎接地位適切的新學習家或有實力者前來了。

我並不是要在這裡不斷鼓吹逆時代而行的利己主義，或是鼓吹自利、俗不可耐的發跡與出人頭地主義。我只是想要倡導，即便我們是凡人，還是必須懷抱著適於我們的夢想，經常鼓足幹勁在工作上。我希望各位不要陷入主動卑躬屈膝的狀態中，也不要失志，而要經常拿出「他能，我也能」的氣概

---

2 相當於「退位的丞相」。仍在位時稱為「關白」，是輔佐成人後天皇職政的要職，退位後稱為「太閤」。

持續努力下去。我只是想告訴大家，我們人，生存在這個世界上，既然都有各自的工作崗位要守，只要自己力量與環境許可，就應該做所有努力、盡一切力量，專心致志朝著拓展與發展自己的方向前行。這既是所謂社會進化的基調，也實現了人類的進步。

自負未嘗不可

不管是誰，都會有自負之處。

就連自稱「我可沒有這種情形」的人，也已經是一種自負了。我們或多或少是因為這樣的自負，才有辦法當個工作者，才得以做好某份工作，也才得以獨當一面處世。所謂的「戲言當中寓真理」就是這樣，事實上，這樣的自負，也催生出不少意料外的成功。

尤其是學者、藝術家這類人士，自負心格外強烈。這該說是這種工作者的一種通性，他們的自負帶來自信，自信帶來投入，很多時候反而留下了不起的成果。不過，實際上因為自負而失敗的人，還是要比因為自負而成功的人多得多，特別是我們平凡人，如果在什麼事情做得略為順利時，就在無意識下萌生自負之心，就更危險了。

因此，根據我的體驗社會學，每個人誰都會自負，也都必須擁有適於自己身份的自負。也就是說，要切記永遠不要「過度自負」，只能夠在不顯眼的程度下、在不至於招人取笑的程度下，在不受人批判的程度下，一點一點地慢慢「適度自負」。總之，我認為我們發展自負的對象，只能夠是貼近身邊的、穩健的事情；然後，到目標達成為止，要在心裡悄悄保持著不太小、不太大、不太高也不太低的自負，專心努力下去。在孜孜不倦持續努力的過程中，自然就可以漸漸了解到自己的力量與個性，讓自負變成真正的自信與實力，層層向高遠的目標邁進，並且在不知不覺間建構起真正的技巧、力量、人格等等。再者，在有了這些之後重新出發，不但自己能夠成功，也可以對於社會有很大的貢獻。

雖說是自負，但不能以世俗的解釋一味地瞧不起它。人如果沒有自負，就完蛋了。自負的推動力，可以讓我們成為比自己想像的還要大好幾倍的人物；而這樣的我們，又可以產生一股力量，發展出更偉大的未知成果。世界上已經有許多例子，可以清楚告訴我們這樣的事。

自負絕非天才所專有，平凡人也必須懷抱著平凡人的自負。只不過，在此必須注意的事是，自負畢竟還是得要「適於自己的身份」，而且也別忘了要隨時正確地反省自己。

立志成為議員

這是年輕時的事了，我也曾經一度不自量力想過要出馬參選議員。雖然現在回想起來，這真是一件不自量力的事，但當時我真的很自負，覺得自己有這個能力。

那年我三十五歲，好友戶水寬人博士等學者參選眾議院選舉時，也有人建議我去選，野心勃勃的我因而大為心動。於是，我馬上到恩師中村彌六老師那裡去找他商量。結果老師只講了一段很讓人沒勁的話：

「如果今後你認真想要投身於那方面的話，也不是壞事。只不過，有一個條件。每個月五百圓，一年就是六千圓唷。你要是游刃有餘到可以丟掉這麼多零用錢，那很好；但如果你出不起，就要等到出得起再選。為師要提醒你的，只有這件事。」

我感到有些被瞧不起，認真追問老師後，背水將軍（中村老師的外號）一點也不驚慌，毫不客氣說道：

「明明是要當基層議員，重點卻不是你的信念是什麼，你的政見是什麼等等。總之，問題在於錢啊。唔，每個月如果有五百圓閒錢的話，大概夠吧。只要有這筆錢，和各方的朋友一起吃飯時，如果你可以若無其事，總是悄悄把大家的份也都一起付掉的話，幾年後，你既可當得上幹部，運氣好的話，哪天搞不好還當得了部長呢——只不過，就算你真的當上了，你自己的意見也未必每次都能通過。最後的結果大概就是，你把自己拚命存下來的財產全都花掉，換來無謂的虛名，又回到了以前一貧如洗的生活去。怎麼樣？現在的你，是不是做好了這樣的心理準備呢？」

當時每個月五百圓，大概是現在的每個月十萬圓吧。當然，我既沒有這樣的錢，就算未來有這樣的錢，我也不覺得自己能把錢花在這種無謂的事情上，因此原本摩拳擦掌的我，也只能不爭氣地讓老師潑我這盆冷水了。不消說，我固然壓根就沒想過政治可以賺錢或是要拿政治賺錢，但我卻也不知道，應該是為了天下國家而行的政治，反而變成了以這種無謂的方式把巨款吃掉的東西。我總算深切體認到，自己有多天真了。

學者這種不懂人情世故的情形，回想起來可教人相當難為情。

政治與脫軌的自負

今天的政治，或許有點不同了，應該已經進步許多才是。不過，政治與金錢還是沒有脫鈎。所謂的政治家，似乎相當需要錢。看在大家眼中，以政治家之姿獲得世俗成功的那群人，很多都只讓人覺得他財力雄厚，而不讓人覺得他有什麼信念、主張或是才幹。因此，要想成為政治家，除了與生俱來要具備那方面的才能，還要有學歷、經歷，如果再有支持自己的一股勢力，剩下的似乎就只是錢、錢、錢的問題了。以前大家就說，要當選需要地盤（jiban）、看板（kanban，即知名度），以及皮包（kaban，即財力）；在這「三ban」之中，最重要的似乎還是最後的這一項——皮包。

從前有個名叫加藤六藏的人當選了（愛知縣的）議員，當他得意洋洋地來到東京時，福澤諭吉老師說要幫他這件喜事寫首祝賀的詩，結果老師迅速執筆寫出來的是一首很有趣的諷刺詩：

出於好玩稱有志
愚蠢至極當議員
賣盡祖產田地去
賺得一年八百金

這首詩雖然只是帶些諷刺，但對於不自量力、野心勃勃的議員病患者而言，畢竟算是一帖清涼劑吧。詩裡頭寫的一年八百金年薪，我不知道相當於現在的多少，不過我可以確定，政治家這門買賣如果光賺這點錢，絕對不划算。兩三年就可能又要解散改選，也會有新競爭者的出現。得要一直費神籌措據稱一次達幾百萬圓（以現在的幣值而言）的選舉經費，如果又嘗到敗選苦果的話，可就真的欲哭無淚了。「愚蠢至極當議員」好像講得重了點，但仔細想想，應該已經算是客氣了吧。

姑且不論議員是不是愚蠢至極，總之，我在這裡想說的是，「出於好玩稱有志」這一句提到的「有志」，是小有所成的人在自負之下容易陷入的狀況。很多人容易在我所講的工作與趣化都還沒有實現之前，就開始以當個有志者為樂。當然，當個有志者絕非壞事，只是，很多人在不自量力下，而且是在時機尚未成熟下，就陷入以此為樂的境地，結果重重摔了一跤。我們真的應該小心，別讓自己的自負脫了軌。

絕不可走旁門左道

誰都想當個有志者。而且，有志者的目標也有層級之分，從町內會的負責人、同業工會的幹部、某某委員會的委員，一直到小自町村會的議員、大至國會的眾議員、參議員等各式各樣的公職都有。有些是自己想當而當的，也有的是周遭的人推舉才當的。無論如何，動心於此的人，十之八九都是出於對權力與名聲的嚮往。因此，對於這種純粹受到名位心或權勢欲的驅使，才以有志者自居或想當政治家的心態，我認為應該嚴加戒除。

平凡人該走的路，畢竟還是得要「符合自己的身份」。

名利原本就該是別人給的，不該是你自己求來的。自己求來的名利，會為了不讓自己很快又失去它，而必須終日汲汲營營。而且，它就像瓶中花一樣，總有一天會枯萎掉，絕不會長出幸福的果實。因此，我們不該刻意為了名利而工作，而要凡事都秉持著「工作（接受到的職務）有趣到不行，所以我要工作」的信念，也就是「努力變成了樂趣」的境界。這樣的話，人我都興旺的道路也會自然而然開啟，催生出一個名、利、德相一致的人生。

沒有必要焦急，也沒有必要勉強，凡事都是「水到渠成」。只要每個人守著自己的崗位專心致志，所有的好事都會不請自來。無論是在町內會裡受到舉薦、在同業之間舉足輕重，或是在一家公司內部占有穩固的地位，都是因為在各自的本業、本份上把事情做得很好才有的。而且，這些都不是自己求來的，而是自然而然發生在當事人身上的。

以前就常有許多小有所成者，因為有志於從政，來找我商量是否適合做這件事。不過，我總是會強烈建議他們不要想腳踏兩條船，應該要專精於自己的本業上。

我的體驗社會學——最終結論

要知道自己的斤兩——原本在講不要太過自負的，結果話題偏到了意料之外的方向上。不過，這番話當中，有著極其重大的意義。那就是，平凡人一心一意在一個時間只朝著一個地方努力，是很重要的，必須嚴加避免分散精力到兩個、三個方向上的情形。說真的「多多益善，做什麼都能大有所成」是天才走的道路，平凡人可不能一時不察想要見賢思齊。

為了自己的志向奔走是好事，像政治家般關注政治也不是壞事，但這些事應該都只是自己有閒暇、有餘力時才去做的，應該要有限度，決不能因而影響到本業的精進。

過去疼愛我的祖父（折原友右衛門），在「不二道孝心講經會」這個以富士山信仰為核心的宗教組織裡，相當於是大前輩的身份；在他巡迴各地邊拜神佛邊講經等時候，總是會拿自己賺到後存下來的一點小錢，自費向大家講述著「信仰是行有餘力才去做的」、「信仰不能當飯吃」之類的話。

有志於什麼活動也好，或是想要在政治上活躍也一樣，都必須清清楚楚地將之與本業區分開來。不要讓自己夾在二者之間；社會公益活動，應該永遠都以自己的閒暇、餘力來從事。如果無法如此，那麼獻身公益就還太早，應該退回來把精力投注在更重要的本業上。

或者，在年輕族群當中，應該也會有人純粹受到熱情的驅使，在一股「捨我其誰」的氣概下，想要投身於政治運動或社會事業吧。這固然是極其值得尊敬的事，但這些人所走的路，已經不是這裡所講的平凡人該走的路了，而是天才所走的特殊道路。我們如果有志於政治，還是得先靠自己工作取得所需要的金錢與力量，才有辦法奉獻給社會。不管你是搞土木建築的也好，是工廠負責人也罷，是賣糖果的、賣羊羹的，當然也都沒有關係，總之，我希望你們還是能等到在工作上展現出自己已經了不起到獨當一面的地步後，再從興趣、從餘力的角度，從社會奉獻的角度，立志投身於大大小小的政治活動。即便你立志當個有名聲的部長，只要你的能力夠，當然也不是壞事。

投身政治的話題講得有點長了，不過這只是純粹的一個例證而已，並無在人生當中特別看重政治活動的意思。由於我經常看到有人只是得到一點小成功，就忘了自己的實力與身份，眼看著就要走進這樣的旁門左道去，因此我才會出於一種老太婆多管閒事的心態，在此拿出來討論。無論是在社會上的野心，或是在事業上的野心，也全都相同。

總之，平凡人無論何時何地，都應該以本業為重，都應該專一在本業上，都應該集中全力在推動一件事情上。這是身為平凡人者不輸給非凡人、不輸給天才，而能夠與之為伍、獲得成功的唯一方式。而且，工作上的成功正可以帶來其他方面的成功，為工作者本身以及其周遭的人，造就人生最大的幸福。

人生就要努力，努力就會幸福。這是我這門體驗社會學的最終結論。

我的庶民養錢術

稻盛和夫的啟蒙導師親授，勝過一票投資專家的「四分之一理財法」

私の財産告白

作　　者　本多靜六
譯　　者　江裕真
主　　編　郭峰吾

總 編 輯　李映慧
執 行 長　陳旭華（steve@bookrep.com.tw）

出　　版　大牌出版／遠足文化事業股份有限公司
發　　行　遠足文化事業股份有限公司（讀書共和國出版集團）
地　　址　23141 新北市新店區民權路 108-2 號 9 樓
電　　話　+886- 2- 2218 1417
郵撥帳號　19504465 遠足文化事業股份有限公司

封面設計　陳文德
排　　版　藍天圖物宣字社
印　　製　成陽印刷股份有限公司
法律顧問　華洋法律事務所　蘇文生律師

定　　價　380 元
初　　版　2019 年 9 月
二　　版　2023 年 11 月

電子書 EISBN
978-626-7378-16-8（EPUB）
978-626-7378-17-5（PDF）

國家圖書館出版品預行編目（CIP）資料

我的庶民養錢術：稻盛和夫的啟蒙導師親授，勝過一票投資專家的「四分之一理財法」／本多靜六 著；江裕真 譯 . -- 二版 . -- 新北市：大牌出版 , 遠足文化事業股份有限公司 , 2023.11
264 面；14.8×21 公分
譯自：私の財産告白
ISBN 978-626-7378-21-2（平裝）
1. CST：個人理財

563　　112017955